誰も知らない

哺乳瓶の世界

写真・文 鈴木昌和

Photo Collection of Antique Baby Bottles

Photo & Text Masakazu Suzuki

幻冬舎MC

お母さんが我が子に母乳をあげられないという状況は、
洋の東西を問わず、いつの時代にもありました。
哺乳瓶は、人類の命をつなぐための必需品として生まれ、
今日まで、改良を重ねられてきたのです。

日本に哺乳瓶が入ってきたのは、
明治になってからでした。
度重なる戦禍や災害をくぐり抜け、
今に残る奇跡のガラス瓶たち。
その一つひとつが、
思いがけない芸術品でした。

OLD-FASHIONED
THE MOTHER
FEEDING BOTTLE

SEIZO
SANKE

レトロ感いっぱいのパッケージ。
当時の世相も映しつつ、
昔も今も変わらないのが、
子どもに対する愛情と、
健やかなる成長への願い……。

真空療法
專賣特許 四三八四三
新案特許願 二五九〇八
醫學博士 近藤
陸軍軍醫正 小山 両先生御賞識
杉式輕便吸引器
第十四回日本勧業博覧會名譽大賞金牌受領
第六回國産奨勵共進會進歩一等賞金牌受領
第三回帝國勧業共進會有功一等賞金牌受領
TAKEMURA & CO.
OSAKA JAPAN

FEEDING BOTTLE
ETTED WITH
INDIA RUBRER TEAT.ETC.
朝日櫻
哺乳器
MANUFUCTURED BY
IMANAGA&Co OSAKA

THE SANITARY
FEEDING BOTTLE
登録商標
No1
日本一
TRADE
MARK
MANUFACTURED BY
SHINOZAKI & CO.

萬歳

HONYUKI
政岡
塚製

登録商標
亀甲哺乳器
三條凸形
ONOSEI TOKYO

TRADE MARK
ASAHIOREZURE
MADE IN
JAPAN.OSAKA.YANASE.FACTURE.

はじめに　哺乳瓶との出会い

平成７年の春ごろ、深夜、観るともなくつけていたテレビで、
『日本骨董《こっとう》ぶらり旅』という番組をやっていました。
再放送でしたが、日本の各地で開催されている
野外の骨董市を紹介する内容でした。
京都・東寺《とうじ》の天神市、東北・角館《かくのだて》、東京・東郷神社などが
次々に紹介されていました。
世の中にはこんな世界もあるんだと思い、
インターネットで確かめてみると、
驚くことに、東京だけでも毎週日曜に数か所ずつ
野外の骨董市が開かれていることを知りました。
しばらくして、大森で開催された骨董市会場で、
尿瓶《しびん》を小型にしたようなガラス器が目にとまりました。
これが哺乳瓶との最初の出会いでしたが、
このときは、それが昔の哺乳瓶であるということを
店主から教えてもらっただけで購入はしませんでした。
その後、平成７年９月３日、東京・中野区にある新井《あらい》薬師の骨董市で、
記念すべき第一号の哺乳瓶を購入しました。

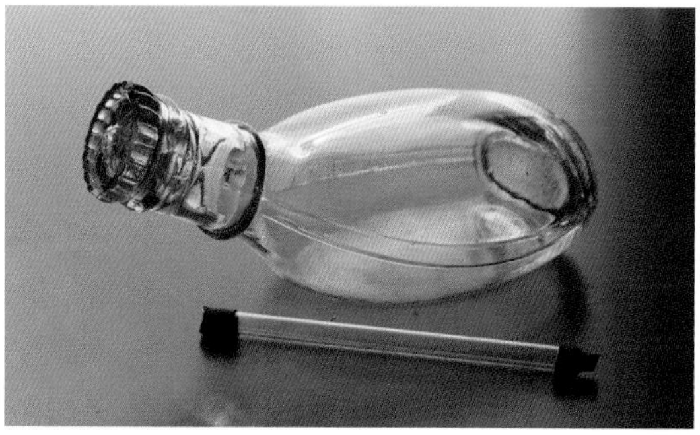

無印、無文字、無色透明のガラス製です。
横置きタイプで、ガラスのねじ蓋《ぶた》。
買入価格は、確か500円値切って2000円でした。
この後、日曜ごとに骨董市を巡《めぐ》り歩くうちに、
いろいろな形、さまざまな模様の哺乳瓶があることがわかりました。
その後数年間はとにかく、生活骨董ともいうべきガラス製品
（ラムネやジュース瓶、牛乳瓶、薬瓶、おはじき、インク瓶など）を
とりとめもなく集めていましたが、
小児科医としては哺乳瓶を集めてみるのも楽しいではないかとひらめき、
以後、哺乳瓶収集の道を突き進んでいくことになりました。
骨董市に通い詰めているうちに何人かの店主と顔見知りになり、
こちらが黙っていても哺乳瓶を探してきてくれるようになって
哺乳瓶の種類がどんどん増えていきました。
もちろん、私が日本に残っているすべての種類の哺乳瓶を
収集し尽くしたなどとは思ってもいませんが、
収集を開始して10年くらいしてからは、
新しい種類の哺乳瓶に出会うことは、めっきり減って、
年に３～４個程度になりました。
私が骨董市に出かけることも少なくなりました。
ちょうど、その頃からインターネット上での取引が盛んになり、
わざわざ骨董市に出かけなくとも購入できるようになりました。
便利にはなりましたが、骨董市での店主との駆け引きもなくなり、
何となく白々しい収集になってきました。
そんな状況の哺乳瓶との関わりですが、
私も後期高齢者の仲間入りをしたのを機会に、
哺乳瓶の写真集を作ってみようと思い立った次第です。

二十数年をかけ、縁あって私のもとにやってきた哺乳瓶たちを
このまま埋もれさせるのは忍びなく、
何とか日の目を見させてやりたいとの思いもあります。
本来ガラス素材の哺乳瓶は壊れやすいはずですが、
優に100年を超え、2度の大戦をくぐりぬけ、
地震などの災害も乗り越えて、
いま私の手の平にあるということは、
とても感慨深いものがあります。
彼らを次の時代に引き継いでいくことが
大切だと思うようになりました。
今まで、ほとんど興味を示したことのない、
私の家族への紹介もかねて……。

Contents

誰も知らない哺乳瓶の世界

撮影　鈴木昌和
編集・本文デザイン　株式会社ペリカン

日本の哺乳瓶 ノスタルジック編

文明開化の象徴の一つともいえるガラスの哺乳瓶。その絵柄は、
昔話や花鳥風月、伝統模様をモチーフとしたものをはじめ、
新しい時代を感じさせるロゴマーク、
時流のシンボルなど実に多彩だ。
お母さんたちは、これらの瓶を片手に、
どんな子守唄を子どもに口ずさんでいたのだろう。

金

登録商標

OSAKA.SOTO.RUBBER CO.

100
50
敷島

150
100
50
植木製
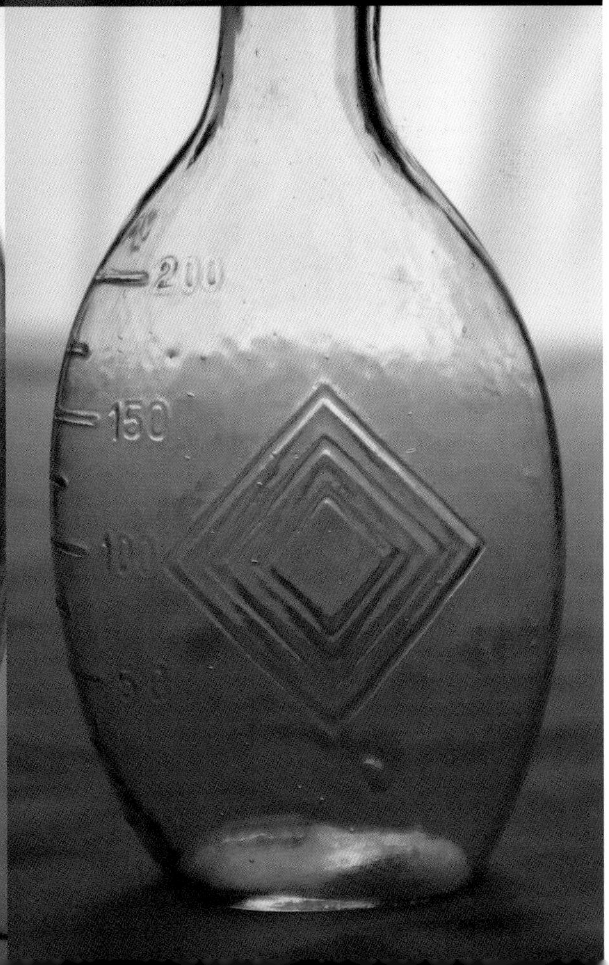
200
150

NONOMURA TOSUKE

S.MIYOSHI
MADE

T.NONOMURA
MADE IN JAPAN

NOMURA TOSUKE
FEEDING BOTTLE
6
SUMIYOSHIYA

OSAKA DOSHOMACHI
SANKO SEIZO
IWAKISEI
SUMITO
TRAD MARK
ST. SUMIYOSHIYA & CO.
TRADE MARK
TRADE MARK
SUZUKA & CO.
SANKO SEIZO
INUI SEIZO
SANKO
TRADE MARK
TRADE MARK

KAIRYO

JAPANOSAKA

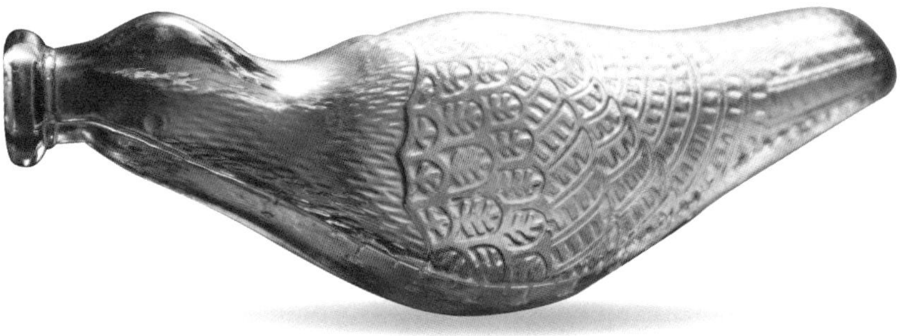

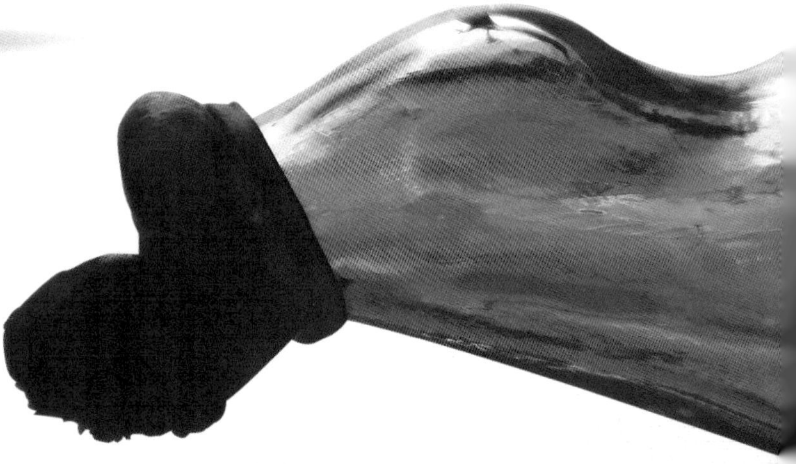

ゴム製の乳首を付けると嘴《くちばし》に。
童話の世界から飛び出してきたような
かわいい鳩型の哺乳瓶。

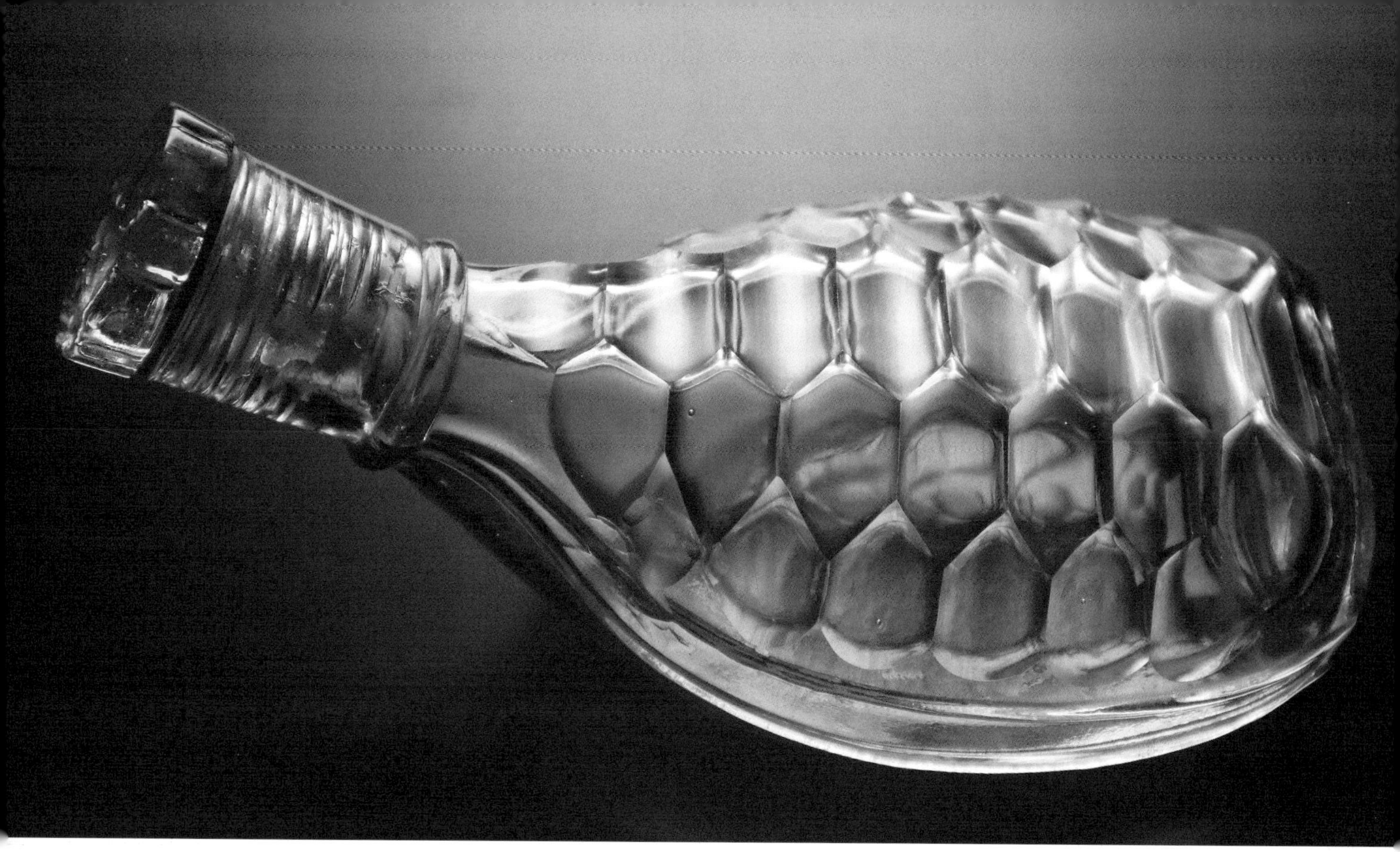

JANCK SHAPE

両端が開いているのは双口型と呼ばれる哺乳瓶で、日本では明治の末頃から普及した。
一方の口に乳首を直に取り付け、もう一方の口から栄養物を注入する（関連記事→P.101）。

星と錨《いかり》と大砲のコラージュ、
旧満州国のマークに日の丸。
かつて日本が突き進んだ
インペリアリズムを彷彿《ほうふつ》させる。

TRADE MARK
MADE

ヒサア

MFG'D BY YANASE OSAKA
ASAHI BRAND
JAPAN

200
100

100

うぐひす印

うぐひす印

HEIWA
HOKYUKI
IMAI & CO.
TOKYO JAPAN

ツバメ印

FEEDING BOTTLE
·R·NAKAMURA
MADE IN JAPAN

先端に乳首が付いた細長いゴム管と
ガラスのストローをつなぎ、
栓《せん》の穴に通してミルクを飲む。
この方式が、明治から昭和にかけての
スタンダードだった。

FEEDING BOTTLE
BEE BRAND

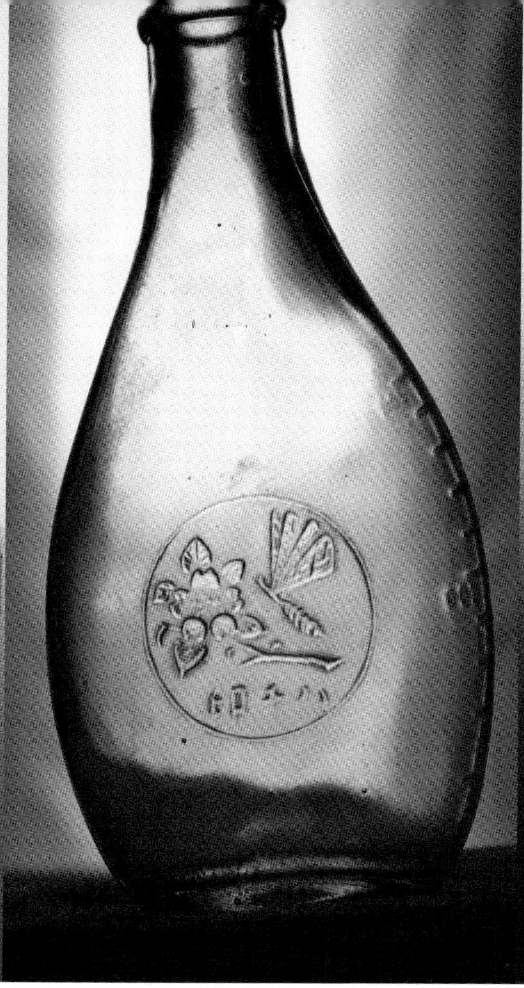

同じ蜂《はち》のモチーフでも、よく見ると、
一つひとつが違っていておもしろい。
右は明治の終わり頃に登場した
細口タイプの乳首直付け型哺乳瓶。

付属のキャップは、取り外した
乳首を置くためのものだろうか。

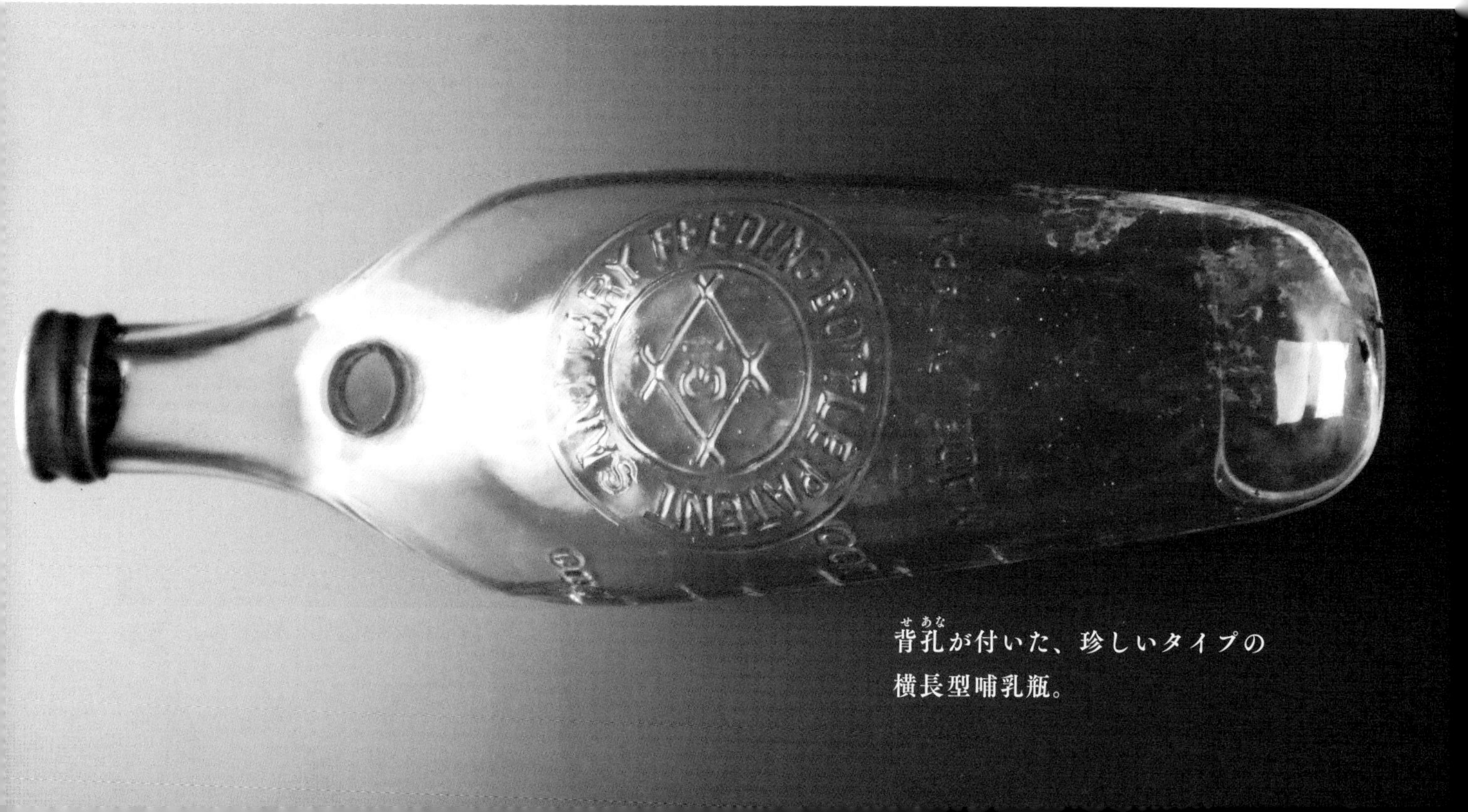

背孔《せあな》が付いた、珍しいタイプの
横長型哺乳瓶。

菊・梅・桃・バラ・桜……。
ボタニカルな絵柄が多いのも
日本の哺乳瓶ならでは。

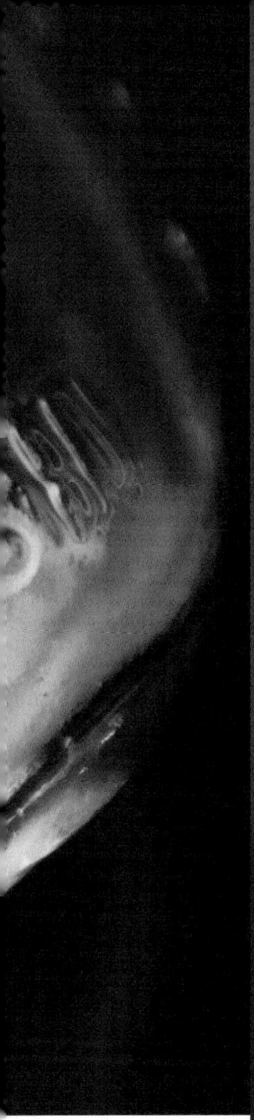

OURDARING
BOTTLE
SHINOZAKI

THESANITARY
NURSINGBOTTLE
TOGOBRAND

I.IWASAKI
TRADE MARK
MADE IN JAPAN

I.IWASAKI
TRADE MARK
MADE IN JAPAN

I.IWASAKI
MADE IN JAPAN

S.MIYOSHI
REGISTERED TRADE MARK

THE PET
BOTTLE

世界の哺乳瓶

日本の哺乳瓶だけを収集するつもりだったが、
ついつい外国の哺乳瓶にも目が向いてしまった。
日本のものに比べると、精神性が表れているような絵柄は少ない。
私がコレクションしたものが、たまたまそうなのか、
文化の違いが感じられておもしろい。

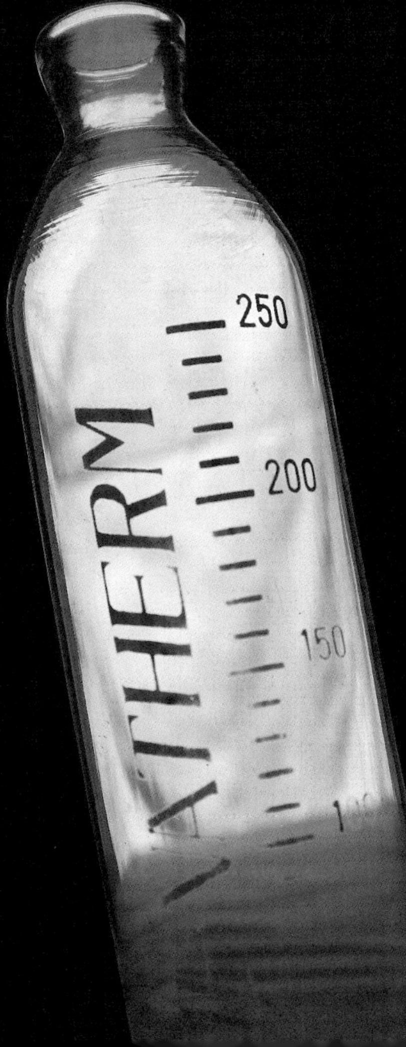

Happy
Baby

THE CADOGAN
FEEDING BOTTLE

THE ALEXANDRA
S. MAW SON & THOMPSON LONDON
TRADE MARK
FEEDING BOTTLE
ENGLAND

温度計付きの哺乳瓶も発見。

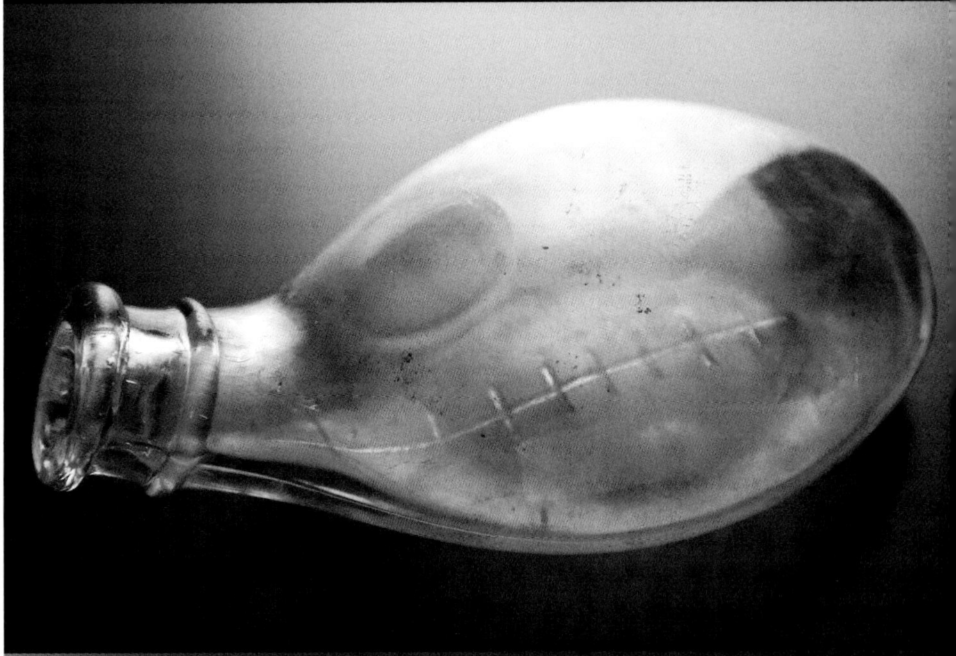

シンプルなフラスコ型哺乳瓶。
下2つはベトナム製。

小さな空気孔が付いて背中に口のある
単口型哺乳瓶（左ページ）と、
西欧では19世紀の終わり頃から
人気を博した双口型哺乳瓶（右ページ）。

OUNCES

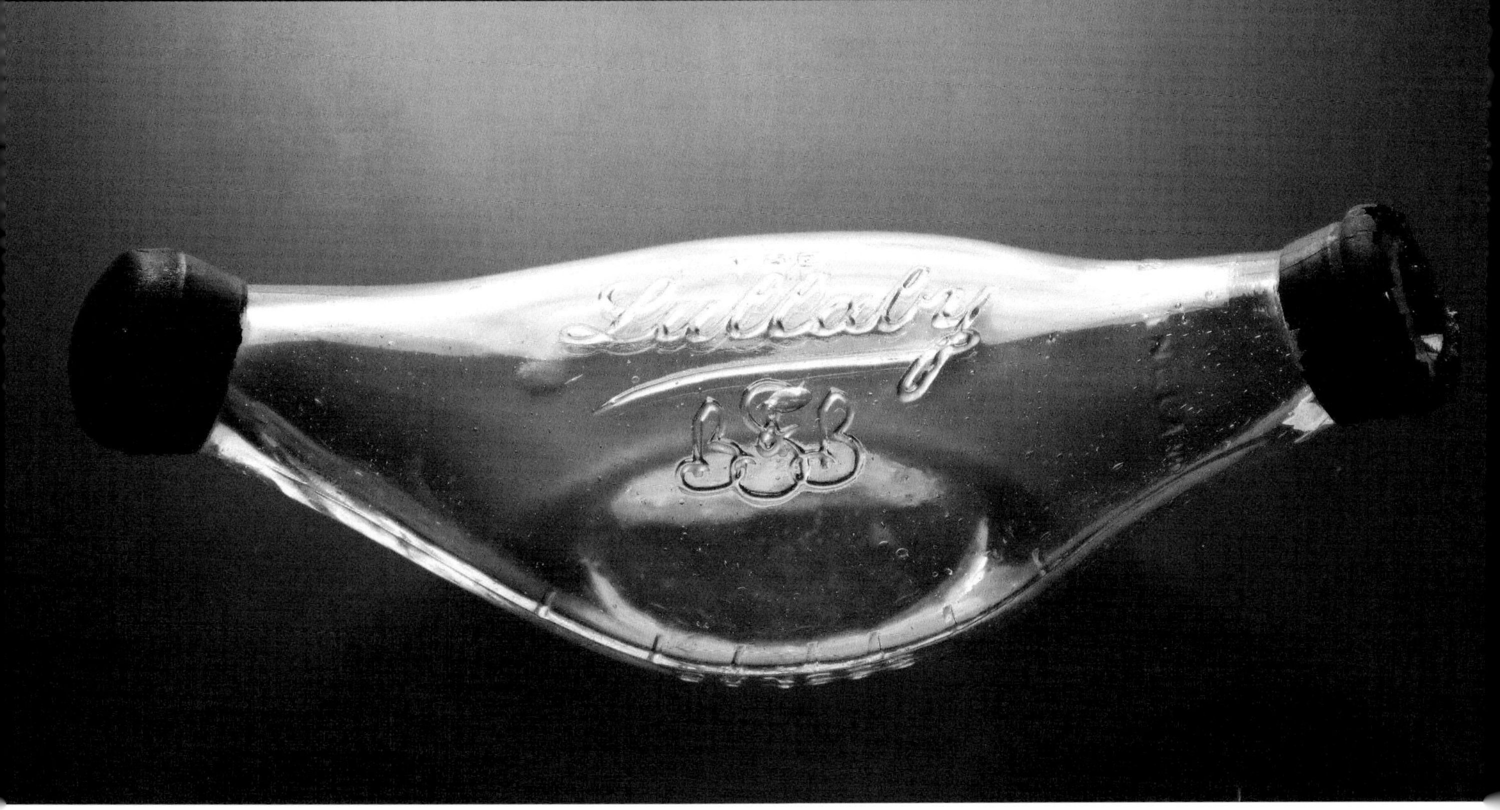
Lullaby

これぞ双口型哺乳瓶の元祖として知られる、
イギリス生まれの「Allenbury Feeder」！

（関連記事→P.089）

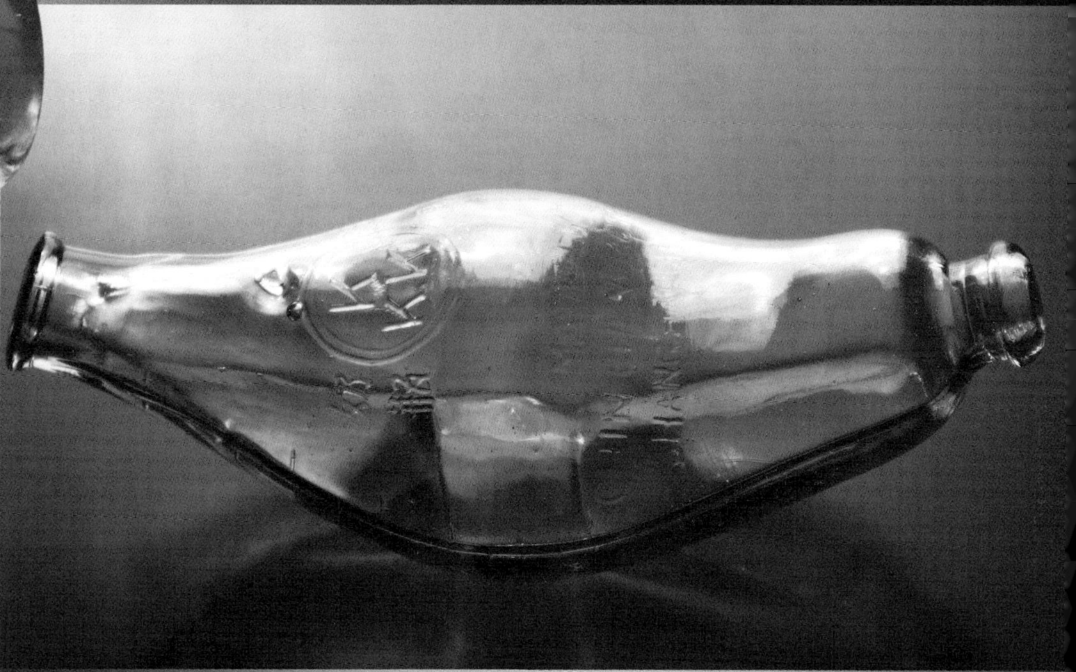

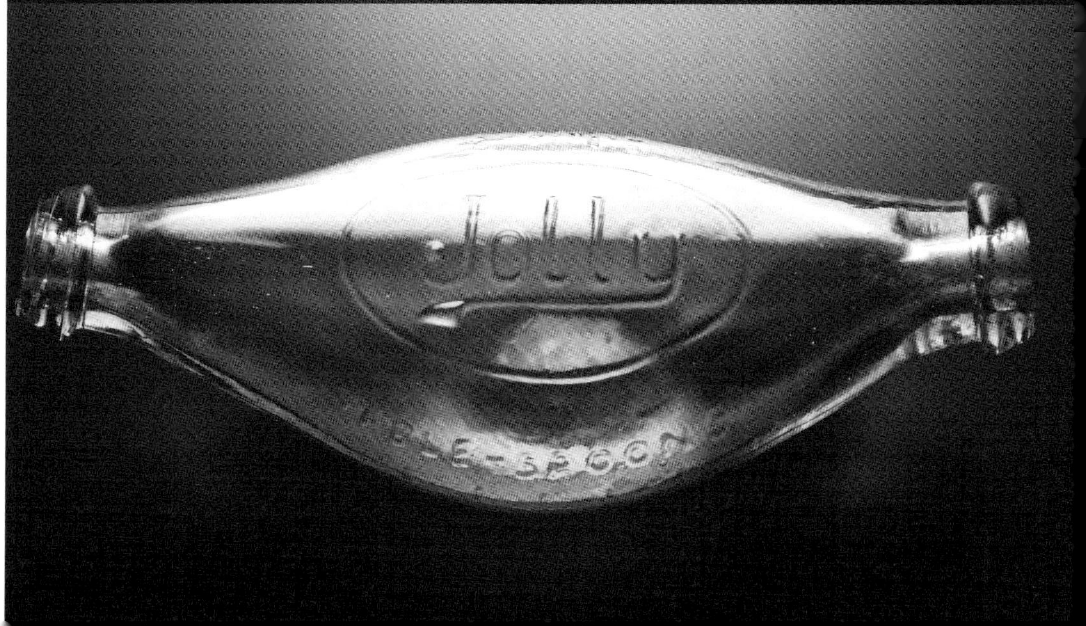
Jolly

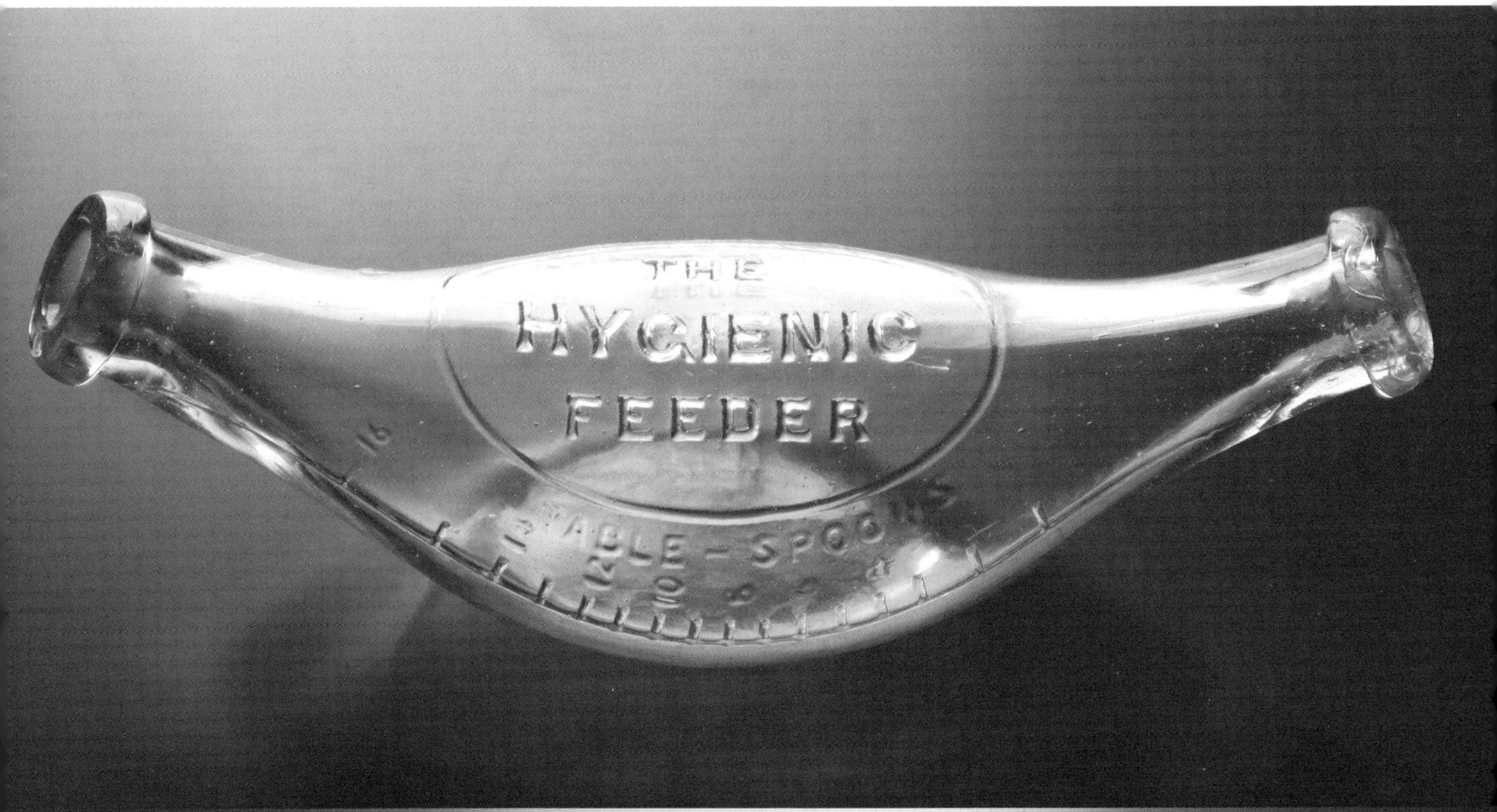
THE
HYGIENIC
FEEDER

HYGIENIC
Dimples
FEEDING BOTTLE
OUNCES

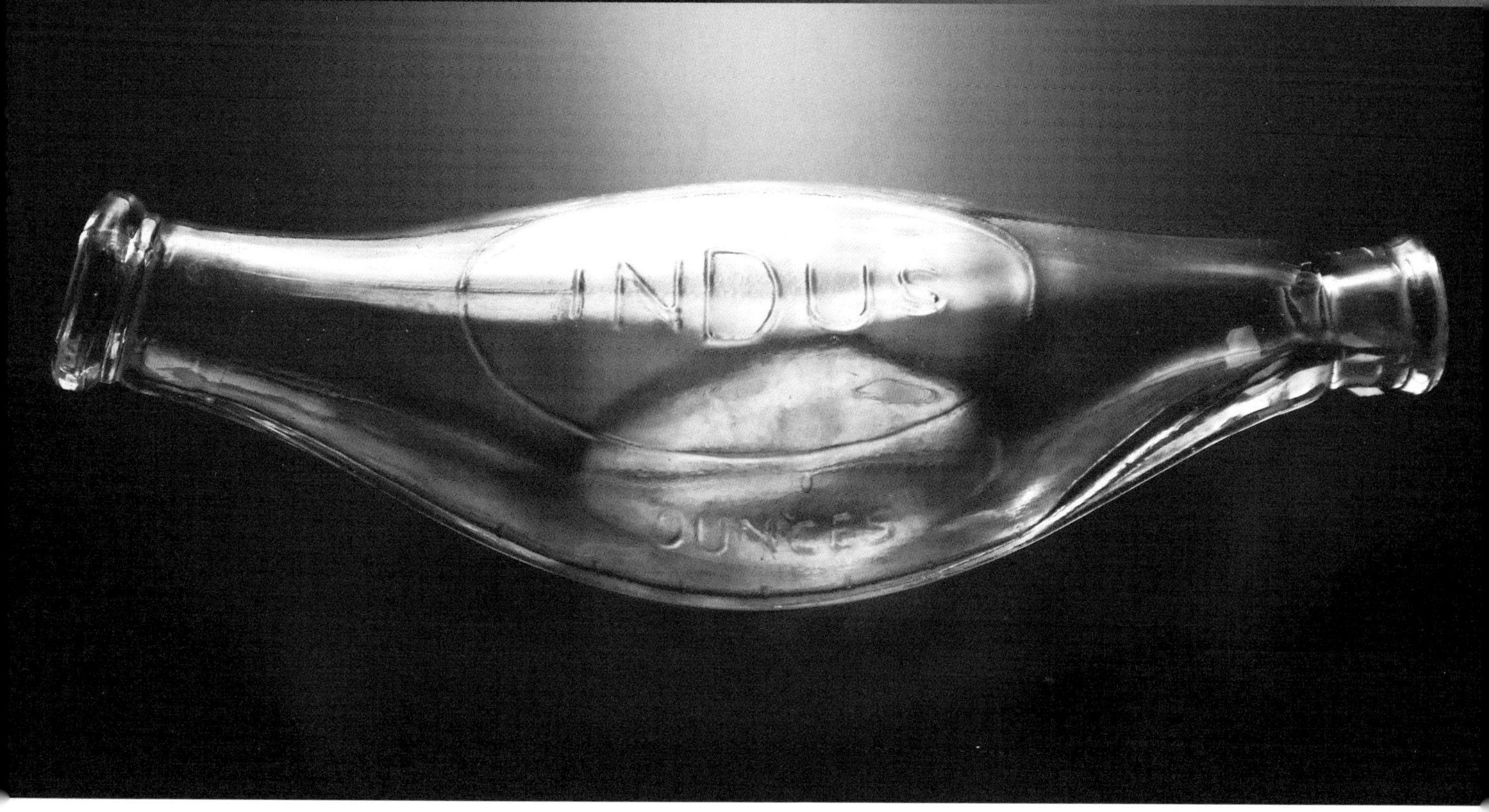
INDUS
OUNCES

Queen's

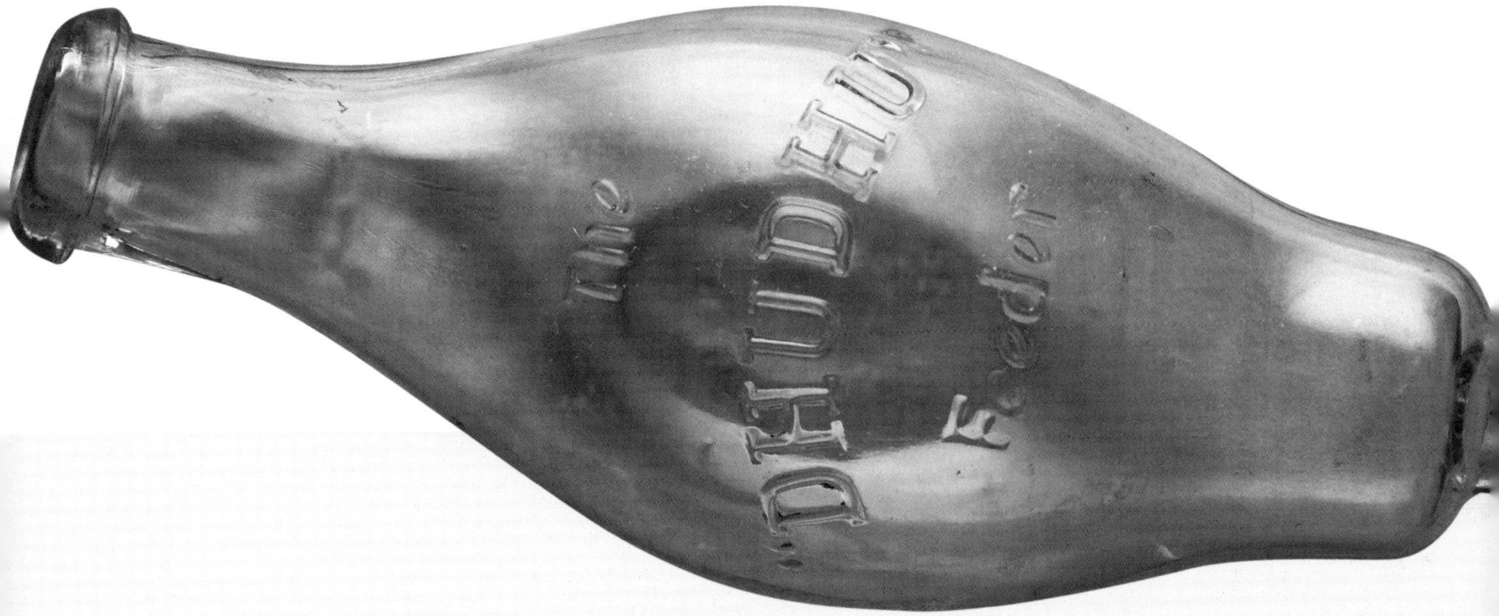

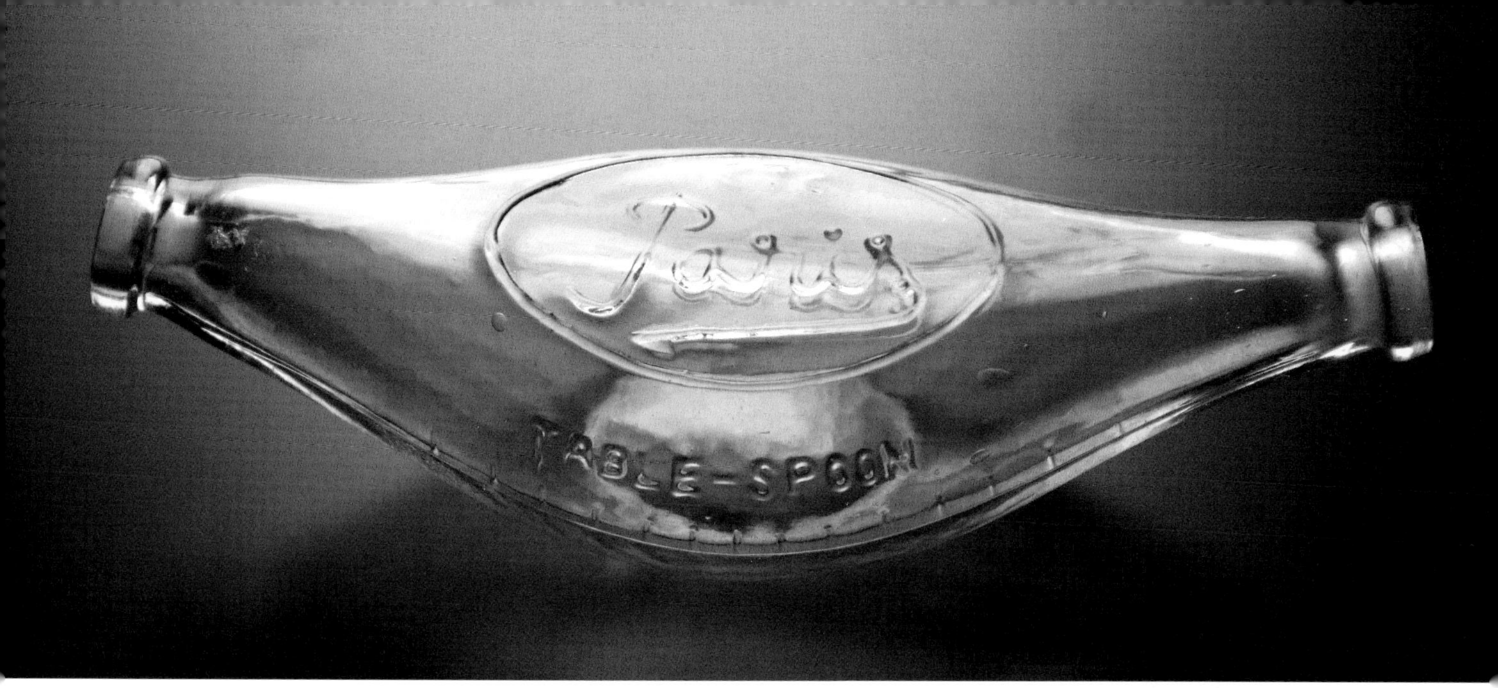

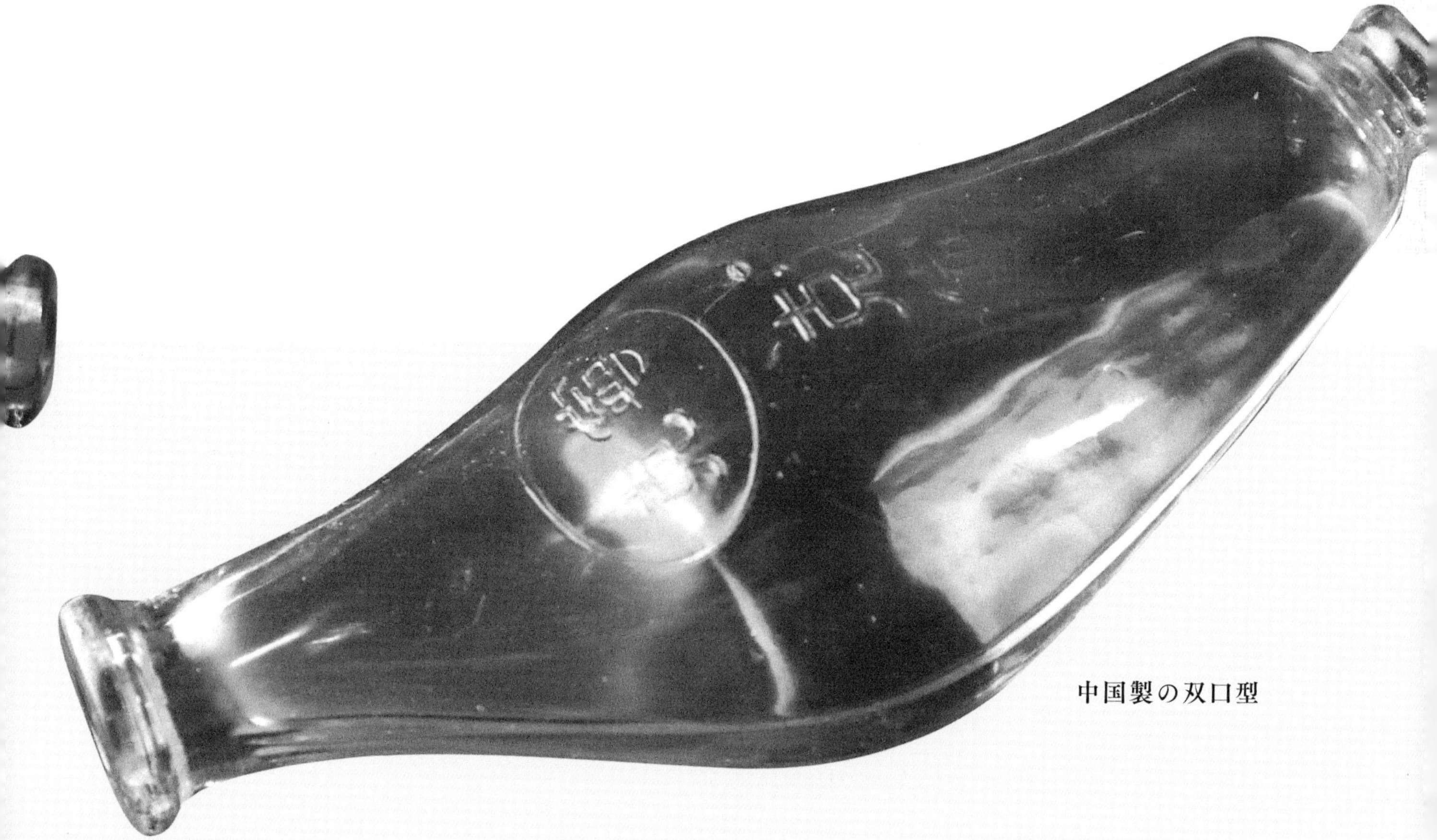

中国製の双口型

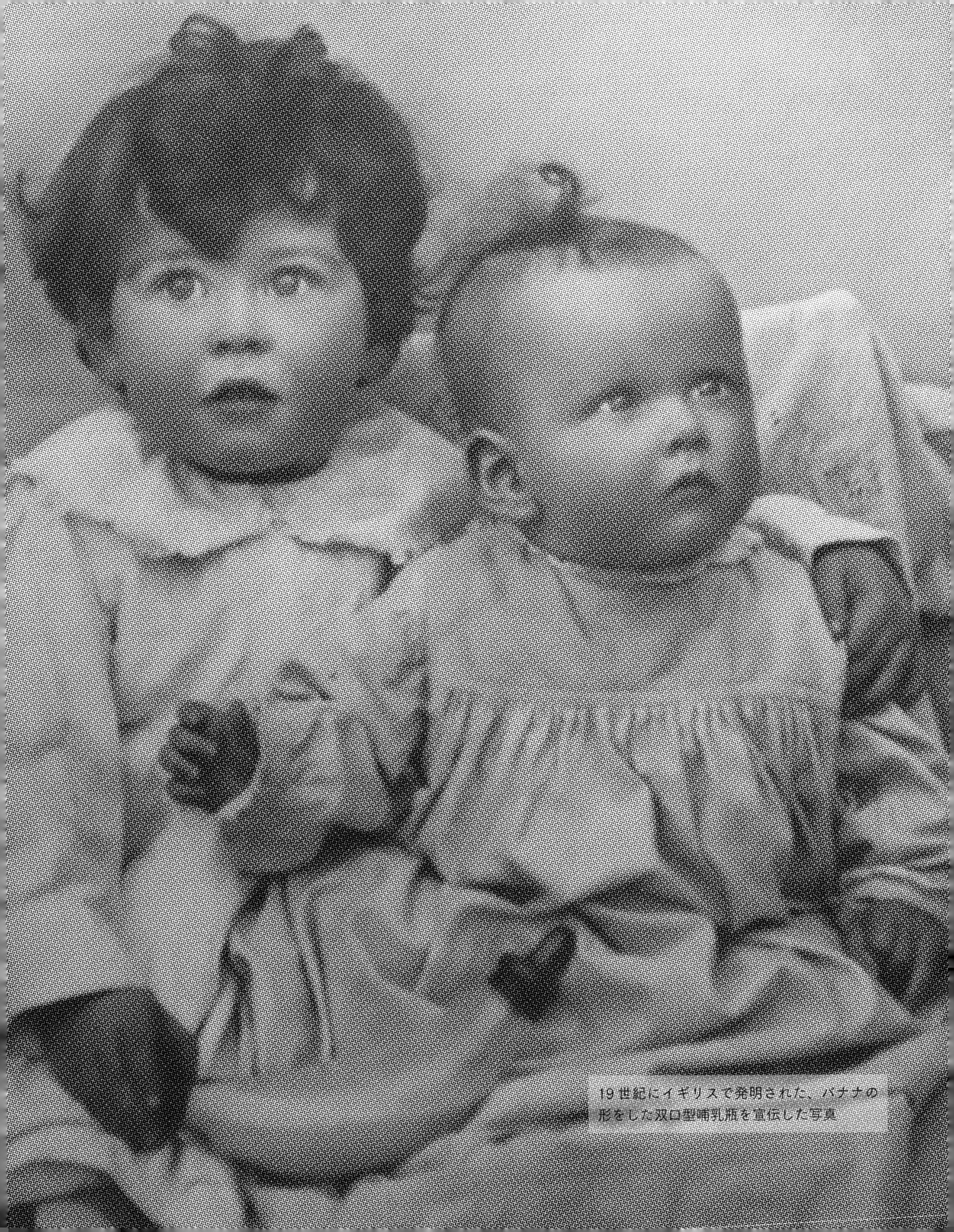

19世紀にイギリスで発明された、バナナの形をした双口型哺乳瓶を宣伝した写真

そもそも哺乳瓶とは?

【哺乳瓶】（ほにゅうびん）

乳汁を与える際に用いられる器具。ガラス製、プラスチック製、目盛りのついたもの、つかないもの、広口のもの、細口のものなど、形や材質にさまざまな種類がある。それぞれに特徴があるが、煮沸消毒できること、透明で汚れがはっきりわかること、凹凸がなくて内部がよく洗えること、広口で粉ミルクを入れやすいこと、瓶は軽くて壊れにくいもの、空気の流通のよいもの、乳首はゴム質がよく、引っ張っても外れないもの、などの条件が満たされることが望ましい。

出典：小学館『日本大百科全書』（ニッポニカ）

実際、哺乳瓶に関する古くからの文献を調べてみると、その変遷《へんせん》は、以上に書かれた“望ましい”哺乳瓶にたどり着くまでの歴史そのものである。

ただ、その歴史を紀元前数千年にまで遡《さかのぼ》ってみてみると、哺乳瓶は単に母乳（搾乳《さくにゅう》）、人工乳といった乳汁を与えるときにだけ用いられるのではなく、ほかにも、さまざまな人工栄養や液薬、水などを補給する器具として用いられてきたようだ。その意味では、単に「乳汁を与える際に用いる器具」とするよりも、「乳汁などを……」と表現するのが妥当《だとう》であろう。あるいは広義に「栄養器」と呼んでもいいかもしれない。

そのように、最初は乳汁以外の栄養も与える道具として存在した栄養器が、さまざまな形状の変化、材質の進化を遂げていくなかで、授乳に特化した哺乳器が自然発生的に分化して生まれ、大きな時代の流れを背景に、改良されながら発達してきたのである。

哺乳瓶と哺乳器

ここで最初に説明しておかなければならないのが、「哺乳瓶」と「哺乳器」という表現の違いについてだ。両者の意味合いの原則を示すと、「哺乳瓶」とは本来、本体の瓶（ボトル）のことで、この本体に付属器（補助具）である乳首・キャップなどを含めた全体を「哺乳器」という。

しかしながら、とくに次章で紹介する日本の明治期の文献では同義に使われていることが多く、そのような関係からも、本書では、「哺乳瓶」と「哺乳器」とを厳密に区別できていないことをお断りしなければならない。

哺乳器の始まり

人類の誕生以来、母親は赤ん坊を母乳で育ててきた。しかし、母親が病気になったり、死んだりするなど、なんらかの理由により、赤ちゃんに母乳を与えることができないという状況は、時代を超え、洋の東西を問わず、人類の歴史とともに常にあったはずである。そのようなとき、昔はどうしていたのだろう。定説によれば、紀元前1800年頃にはすでに乳母《うば》制度が存在しており、バビロニアの母親たちは乳母を雇っていたそうだ。その習慣は、ごく普通にいきわたっていて、とりわけ古代ローマやエジプト、ギリシャの富裕層の間では、一般的に行なわれていたという。紀元2世紀頃に、ギリシャのある医師によって書かれた乳母に関する論説が残されており、彼は好ましい乳母の条件について以下のように述べている。

「年齢は20~40歳、正直、冷静、綺麗《きれい》、健康、肌つやがよい、中肉中背、自身の産んだ赤ちゃんが生後2か月以内であること、清潔で、母乳は薄すぎず濃すぎないこと」

乳母のお乳を介して、乳母のさまざまな資質が赤ん坊に伝わると考えられていたのである。したがって、乳母を雇うにあたっては、注意深い吟《ぎん》味《み》がなされると同時に、乳母の需要が高まり、10~16世紀には、富裕層だけでなく、あらゆる階層に、この乳母制度が広がっていくことになった。

しかしながら、求める誰もが必ずしも乳母を得られるとは限らず、別の方法で赤ちゃんに栄養を与えるため、母乳に代わる、いろいろな栄養法が行なわれてきたであろうことは想像に難くない。動物の乳汁などをはじめとする、人乳以外の栄養源も用いられていたことだろう。つまり、なんらかの栄養を、なんらかの器具を用いて与えていたということであり、実際、世界各地において、数千年も前から現在の授乳形態につながる、さまざまな栄養法と栄養器具の変遷が歴史的に確認されている。

しかし、そうはいっても、現在、私たちが日常使っているような「哺乳瓶」が、初めからあったわけではない。

古代の哺乳器

とりわけ子どもの墓と思われる場所から、多くの考古学的発掘がなされており、さまざまな形や大きさのものが見つかっているが、どれも哺乳器というより、水差しや壺《つぼ》のような形状をしている。

世界最古の哺乳器とされるのは、紀元前2000年頃のもので、日本史でいうと縄文時代の後期、中石器時代ないしは新石器時代に相当する。しかしながら、これよりもずっと遥《はる》か昔、有史時代を迎える以前から、母乳を我が子に与えることができない母親は、母乳の代替栄養を得ようと努めたはずで、人類が道具を使い始めたときから、哺乳器は用いられていたと考えるのが妥当であろう。

哺乳器は初め、動物の角や木で造られていたが、紀元前9世紀から紀元4世紀にかけては、赤土の素焼き製で、注ぎ口（呑《の》み口）と取っ手の付いたものが使われていた。呑み口には、動物の毛皮で造られた乳嘴《にゅうし》（乳首）のようなものが取り付けられてい

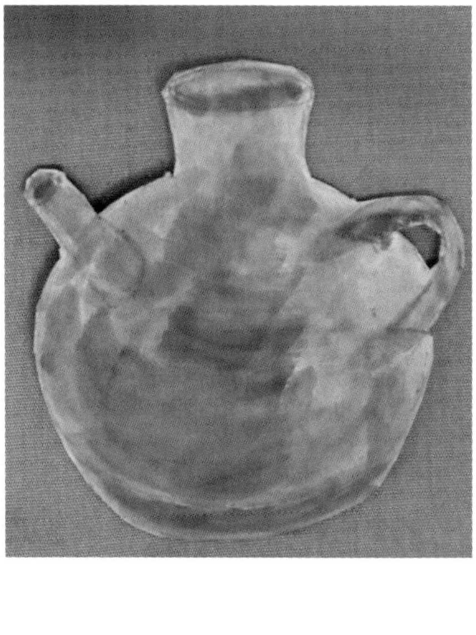

人類が太古の昔より動物の乳汁でも哺育を行なっていたであろうことは、哺乳器と思われる素焼きの土器が、いろいろな地域で発掘されたことにより立証されている。

た。

この容器はテラコッタ（Teracotta）と呼ばれるもので、紀元前450年頃を中心に使われ、紀元前200~300年頃にエジプト人がガラスを製造するまで主流だったとされる。その形状は、哺乳瓶のルーツというより、オイルランプや取っ手付きの陶製ワインボトルに似ている。

中世の哺乳器

4~5世紀から15世紀頃には、一時エジプトで興《おこ》ったガラス製の器材はなぜか衰退《すいたい》し、ヨーロッパにおいては、陶製の容器も造られてはいたが、中世を通して最もポピュラーな哺乳器は牛の角であった。16世紀に入ると、哺乳器は、それまでの多用途的な形状だった陶製の容器や動物の角から進化して、授乳を意識したボトル型のものが出始めた。この頃にはまだ、毛皮や木を素材としたものも多かったが、やがて17世紀になると、錫《すず》と亜鉛《あえん》の合金である「しろめ」がもっぱら使われるようになり、銀製のものもみられるようになった。ボトルの口には布切れやスポンジで乳首が形造られ、形状も、哺乳器と呼ぶによりふさわしいものへと進化した。

哺乳器としてガラスが再び登場するのは1800年代中頃のことである。

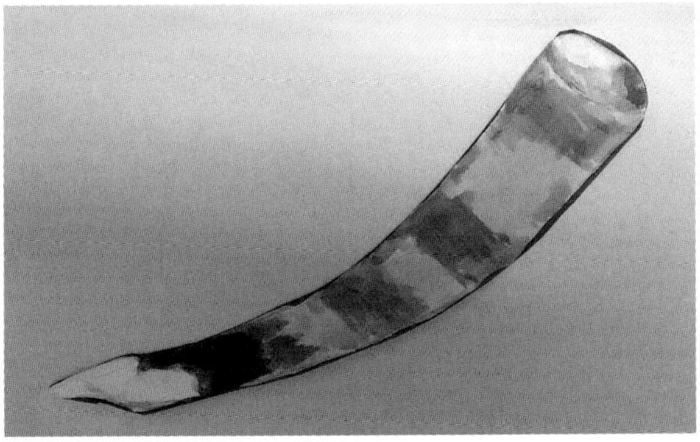

牛の角を利用した哺乳器のイメージ。

COLUMN

日本の哺乳器は「注口土器」がルーツ？

日本では、縄文時代の遺跡から、現在の急須《きゅうす》や土瓶のような形で、中の液体を注ぎ出すための管状の口（注ぎ口）の付いた土器が出土している。「注口土器《ちゅうこうどき》」と呼ばれるもので、とくに縄文時代の後期に、東北地方や関東地方でさかんに造られていたとみられる。

その用途について、宮原遺跡第１号住居跡から注口土器が出土した埼玉県狭山市の公式ホームページでは、次のように解説している。

「現在の学説では、お祭りの時に、お酒を注ぐのに使われたのではないか、あるいは薬草などを煎《せん》じて病人の口に注ぐのに使用したのではないかという２つの説が有力となっています」（狭山市歴史のしおり「第９回注ぎ口が付いた土器の話１」より）

注口土器は、なぜか弥生時代には、ほとんどみられなくなるが、この土器の利便性と多用性を考えると、忽然《こつぜん》と消滅したとは想像し難い。文献的考察は今後の課題として残るが、日本でも原始時代より牛や羊などの獣乳を人工栄養に利用していた可能性は十分あり得る。弥生以後の時代においても、哺乳器として特化するまでには至らなかったとしても、素焼きの土器や木製・金属製の器具が日常生活の中で、栄養器として使われていたのではないだろうか。

注口土器の用途の一つとして、病人への薬呑みとしての使用が推定されているが、であれば、乳児への栄養器としても用いられた可能性は十分考えられる。ヨーロッパではオイルランプやコーヒーポットのような形をしたテラコッタが哺乳器であったように、急須や土瓶のような形をした注口土器が日本における哺乳器の始まりであったと考えるのは奇抜《きばつ》すぎるであろうか。

寺改戸遺跡から出土した注口土器。画像提供：青梅市郷土博物館

高まる代替乳のニーズ

このように栄養器から哺乳器へと進化するなか、医師たちは、牛や羊の乳汁から人工乳を開発することに努めていた。その動機は定かではないが、右肩上がりの出生率を見据えてのことだったかもしれない。その後18~19世紀にかけて、世界の人口は増加の一途をたどることになるのである。

そうして実際に人口が増えたことで、当時もまだ全盛だった乳母の需要は一層高まりをみせたのだったが、その需要に乳母の供給が追い付くことができず、赤ちゃんを抱えた多くの家庭では、開発された動物性のミルク、あるいはパン粥《がゆ》などの代替乳に切り替えるようになった。

新型器具の発明

代替乳のニーズが増せば、一層求められるのが、それを与えるための、より便利な道具である。これに応じるかのように、1770年頃、ヒュー・スミス博士によって発明されたのが、セラミック製のバビーポット（bubby pot）だった。形は小型のコーヒーポットに似ているが、底のほうから伸びた細長い注ぎ口の先端は閉じられ、小さな穴がいくつか開けられてあるのが特徴だ。つまり、ポットを傾ければ、その小さな穴から細いシャワーのようにミルクが出てくるという仕組みになっているのである。

また、ヨーロッパでは、16~18世紀にかけて、パップボート（pap boat）という、ボウルのような縁《ふち》の高いボート型の小さな容器も造られ、乳幼児にパンを水やミルクに浸したもの（pap《パップ》）や、シリアル（穀物）を薄い野菜スープで煮込んだもの（panada《パナーダ》）を食べさせるときに使用された。いずれも乳児が発育の悪いときなどに、動物性ミルクのサプリメントとして与えられたようだ。

このバビーポットとパップボートは、18~19世紀にはポピュラーな哺乳・栄養器具となったが、小さくて隅《すみ》々まできれいに洗えないという欠点があった。殊《こと》にバビーポットの注ぎ口は細長いうえに、先端には小さな穴しか開いていないとあって、洗浄するのが困難なため、細菌の繁殖《はんしょく》をもたらし、多数の非母乳栄養児（人工栄養児）が死亡する事態となった。

清潔で人間工学的にも使いやすいボトルをめざし、ガラス製哺乳瓶の開発が進められたのは、この頃である。

パップボート（インド製）とバビーポット（フランス製）。このパップボートは現代のもので、主に水薬を飲むときに使われているようだ。バビーポットの注ぎ口の先端は多少欠けている。

ガラス製のボトルの時代へ

19世紀も半ばに入り、アメリカでチャールズ・M・ウィンドシップ（Charles M. Windship）が初めてガラス製哺乳瓶の特許をとったのは、1841年のことであった。この哺乳瓶は、ミルクがあたかも直接母親の乳房から出てくると思わせるように、母親の乳房に重ねて用いるという斬新《ざんしん》なもので、これを機に、ガラス製のボトルは、大量生産されるようになっていった。

そして、さらに1864年には、哺乳瓶の首にしっかりはめ込んだコルク栓《せん》にガラス管を通した哺乳瓶が、イギリスからアメリカにもたらされた。ガラス管は細長いゴム管につながれ、その先端には有機金属で造られた乳首型の吸い口が付けられていた。

実は、この頃すでにアメリカでも、ゴムの大量生産が可能になっていた。ウィンドシップがガラス製哺乳瓶の特許をとったのとほぼ同時期に、硬化ゴムが発明されていたのである。それでアメリカでもさっそく、そのイギリス製のものを模《も》す形で、長いゴム管付きの哺乳瓶が大量に製造されることになった。ただし、ゴム管の先端に付けられた吸い口は、イギリス製のものは有機金属だったのに対し、アメリカ製のものは、骨製（象牙《ぞうげ》）の口保護具にゴム製の乳首をはめ込んだものだった。

ボトルの形は、細長い魚雷《ぎょらい》型のものもあったが、ほとんどが軍用の丸型水筒のように扁平《へんぺい》だったことから「バンジョー型哺乳瓶」と名付けられて人気を博した。

バンジョー型哺乳瓶（S. MANSON & THOMPSON）

しかし、その人気も長くは続かなかった。乳児の死亡率が恐ろしいほどまでに高くなり、原因として、洗浄しにくい長いゴム管が、細菌繁殖の温《おん》床《しょう》になることが判明したのである。それで、このタイプの哺乳瓶は「殺人ボトル」と呼ばれるようになり、急速に姿を消すことになった。

しかし、この「殺人ボトル」は、それで一気に市場から消えたわけではなく、1920年頃まで使われており、我が国へも、明治の初め頃にはもたらされていた。もっとも、アメリカからではなく、フランスからではあったが。しかし、いずれにせよ、明治が1868年に始まったことを考えれば、歴史的には、ごく自然な流れだったといえるだろう。

欧米ではこの後、より一層、洗浄しやすい衛生的な哺乳瓶の開発へと邁進《まいしん》していくことになる。

COLUMN

当初のゴム製乳首は人気がなかった

ゴム製乳首は、イギリス製の有機金属でできた乳首型の吸い口を真似て、アメリカで造られたのが最初といえるが、当時のゴム製乳首は刺激臭が強烈で、ひどい悪臭を放っていたそうだ。そのうえ、温水に浸けると簡単に壊れてしまうという代物《しろもの》であったため、それほど人気は出なかったらしい。

臭《にお》わず、しっかりきれいに洗える丈夫なゴム製乳首が開発されたのは、1900年代に入ってからのこと。それまでは、布の端切れ、動物のなめし皮、スポンジといった、従来使われていたもので代用されていた。

硬化ゴムが発明されて、ゴム製乳首の生みの親であるエリヤ・プラット（Elijah Pratt）が特許を取得したのは、1845年。ゴム製乳首が実用化されるまでに、実に半世紀以上もの改良期間を要したということだ。

太田節次 作「貴嬢愛育之図」
（石版画　明治 24 年）

日本における明治期から戦前までの哺乳器の変遷

日本で商品化された哺乳器が使われ始めた時期については諸説あり、昭和38年（1963年）に発行された『赤ちゃんの哺乳ビン百科』（講談社）では、明治2年（1869年）に、松方侯爵が日田《ひた》（大分県）の養育館にフランス製の哺乳瓶を取り寄せたのが最初であると記載している。

これが、どんなものかについては、明治4年（1871年）6月発行の『新聞雑誌』第3号に東京麹町《こうじまち》の唐物店《からものや》佐野屋が載せた「乳母いらず」の広告から窺《うかが》い知ることができよう。そこには細長いガラス棒とゴム管、ゴム製乳首の付いたガラス製の縦置き型（とみられる）哺乳瓶の図が添えられていた。

「母乳いらず」に関する記述は、明治8年（1875年）に山口県によって出された布達《ふたつ》にもみられる。出産後に母乳が出ない場合、もらい乳などをして、時間的にも金銭的にも重い負担を負っている家庭が多い現状から、その改善のために代替乳として牛乳を小児に飲ませることを奨励したうえで、新しく西洋から輸入した「乳母いらず」という哺乳瓶が安価で入手できると紹介したものだ。

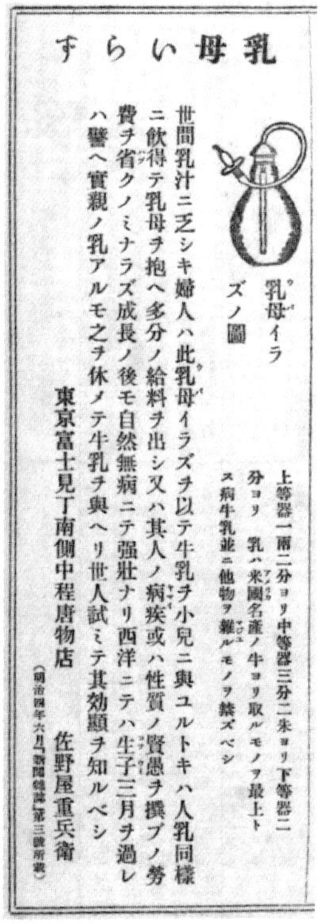

「乳母いらず」の広告

「母親の母乳が出ない場合、従来なら、かなりの額の給料を払って乳母を雇わなければならなかったが、その必要もなく、また適切な乳母の選定に煩《わずら》わされることもなく、代替乳としての牛乳を飲ませることができる」と宣伝している。等級は3段階に分かれ、価格は2分~1両2分と書かれている。

この広告は、明治元年~6年に全国で発行された新聞20紙を選んで複製して、大正14年（1925年）に発行された、『文明開化』の広告編に収められている。

ほかにも、明治7年（1874年）に発行された『子供そだて草』をみると、その表紙や挿絵（→P.080）には、赤ん坊が長いゴム管付きの哺乳瓶で飲んでいる様子が描かれており、これは縦型ではなく横置き型のようにみえる。

当時西欧では、細長いゴム管付きのガラス製哺乳瓶は洗浄が難しく、細菌に汚染されやすいため、「殺人ボトル」と呼ばれて市場から駆逐《くちく》されつつあったが、その頃、日本では最先端の哺乳器として急速に流布《るふ》しつつあった。

『子供そだて草』は、ゲッセル（ドイツ人医師）によって書かれたものを原著とする翻訳書であるが、「器械にて補養のこと」という項があり、そこには、現代語に訳すと、「木綿《もめん》を巻き付けて乳房形にしてこれをガラス瓶に付ける法、銀製、象牙、羊歯などで造った乳首を

『子供そたて草』の表紙と挿絵

長いゴム管につなぐ法などのやり方がある」などと記載されており、西欧の流儀に基づいた哺乳のさせ方についても触れられている。

以下、日本における哺乳器の黎明《れいめい》期である明治の初頭から昭和の戦前までの変遷を、当時の文献をたどりながら考察していくことにする。

■明治6年（1873年）

『小児扱方緊章』

〈炎暑の時候に當り小児取扱の規則　第七條〉

若し不幸にして母の乳なく又母なくして育つへき時は只乳餌のみを用ひ吸乳器（チノミドウグ）（近頃舶来の品多し）にて温乳を用ひ小児を養ふべし。山羊の乳は最も良なり牛乳は之に次く。

米国人医師アスシミートが日本に持参した、子どもの育て方に関する指南《しなん》書を翻訳したものである。吸乳器の形状等についての記述は見当たらないが、舶来の品（おそらくガラス製）が用いられていたことを窺わせる記述であり、さらなる調査・研究が必要である。

■明治8年（1875年）

『母親の心得』

〈母及び乳母の乳なくして小児を養育する方法〉

……故に牛乳を飲ましむには吸乳器（きふにうき、ちちをすふもの）を作りて乳房の形をなしこれを吸わしむべし……〈中略〉乳汁を程よき分量を以て吸乳器のガラスに入れ……。

吸乳器は、ガラス瓶と、それに取り付けた乳房（乳首を含む）から成っていると読み取れるが、その具体的な形状については詳《つまび》らかではない。クレンケ・ハルトマンによって書かれたドイツ語の原本を翻訳したもので、訳者は近藤鎮三とある。

■明治９年（1876年）

『衛兒法』

〈暑中衛兒法—炎暑の時に當り幼児を保護する法第十款〉

　吸乳器（ちちのみ）は極めて清浄にすべし　然らざれば乳汁に酸味を生じ幼児に害なり　故に用ふる度毎に空にして洗浄し且つ其の諸部を取放し管・コルク・吸乳球及び壜は清水或は曹達少許加へたる水中に置くべし……。

吸乳器がガラス管、瓶口のコルク栓、吸乳球（乳首）、ガラス瓶からできていることがわかるが、やはり具体的な形は示されていない。原著者はアメリカ人「偉慕虞徳」とあるが読み仮名は振られていない。、訳者は横地君美と記されている。

■明治９年（1876年）

『育児小言』

イギリス人医師バイ・ヘンリー・チャアスが1875年に著《あらわ》した育児書の日本語訳である。訳者は澤田俊三とある。

〈飲食並びに乳婆〉

　産後6、7か月は何によらず小児に手製の餌食杯を與ふるは宣からざれども余技なき場合あって之をもちいる時は先ず哺乳器（之はゴムにて各鶴頂の如き細管をつけたるもの）を求め母の胸間に之をあて恰も乳房より與うるが如くして毎度怠らず此の乳導管より飲み物を吸わしむべし。

私の知る限りでは、「哺乳器」という表現が出てくる最初の文献である。原文には「フィーディングボットル、うばいらず」と読み仮名が振られてある。その使い方については、「母の胸間に之《これ》をあて恰《あたか》も乳房より與《あた》うるが如《ごと》くして」とあり、かのアメリカで初めてガラス製哺乳瓶の特許をとった、ウィンドシップの考え方を思い起こさせる。

　育児の為に母の生乳あるは所謂天の賜物なり、已むを得ず乳婆を雇いて兒を託するとも……〈中略〉乳婆は決して実母に均しき育児の道を到底盡さざるものと知るべし。

これは、西欧における乳母に対する考え方を紹介した部分で、子どもは本来、乳母を頼らず、母親の母乳で育てるのが一番だという主旨のことが書かれてある。

日本でも江戸時代には、かなり一般化した乳母制度であったが、明治期になると、子どもの養育は、教育も含めて、母親が第一義的に行なうべきとする論調が次第に目立ってくる（P.082のコラム参照）。それには、こうした維新後の早期における啓蒙《けいもう》も、少なからず影響を与えたものと思われる。

続いて、やむを得ず乳母を雇う際の条件もあげている。すなわち、「選定には慎重を期し、全身をくまなく検査し、乳房や乳汁の状態も調べ、年齢は20歳から25、26歳が好ましく、乳母の子と授乳を託す子との年齢が近いこと」等々。

これは遥か昔、紀元2世紀頃にギリシャで興った論説を継ぐ内容である。

そして、乳母も利用できない場合は、「驢馬《ろば》の乳汁が人乳に類似しているので代替乳として適しているが、簡単に入手しにくいので、山羊《やぎ》の乳を代用することになる」とも書かれている。

ここで話は少々脱線するが、驚いたのは、小児科医として、しばしば母親から相談を受ける「舌《ぜつ》小帯《しょうたい》前方付着症」に関する記述について。

　若し舌の筋膜下顎に癒着したる如き患あれば其の筋膜を聊か切断せば舌の屈伸を自由ならしめ容易に母の乳首を喫着すべし是れ其の不具を救ふにいと容易なる手術なり。

『子育ての草紙』
の挿絵

この150年近くも前の書物に正しく記載されていることを知って、感心した次第である。

ともあれ、1875年にイギリスで著された本が、わずか1年後には、もう日本で翻訳されていたということに、明治政府の文明開化への意気込みが感じられる。

■明治10年（1877年）

『子育ての草紙』望月誠 編

〈獣乳にて小児を育てる事〉

……先ず獣乳を與ふるにはその乳汁を吸乳器（ちちいれ）に入れ之に湯と砂糖を加えて與ふべし……。

「吸乳器」に「ちちいれ」と読み仮名が振られている。そして添えられた挿絵には「吸乳器の図」として、風車《かざぐるま》の棒を振り上げて座っている赤ん坊の前に、ゴム管付きの哺乳瓶が立てられている。

標題の「獣乳」については、「驢馬あるいは山羊の乳が最適であるが、得難ければ牛の乳でもよい」とある。ちなみに、哺乳器に関わるこれまでの育児書は、すべて欧米の原著を翻訳したものであったが、編者として日本人の名前が記されており、調べ得た限りでは、本書は明治になって初めて日本で編纂《へんさん》された育児書と思われる。

■明治12年（1879年）

『母親之義務並育児法』

〈第六少　嬰児の母親と乳母の乳獣に依て養育されること〉

……新鮮なる牛乳を得られることは甚だ幸福なることにて其度毎に小瓶二つに乳汁を充満て其の一瓶は絞るや直に用ひて他の一瓶は三四時間後に至りて哺ましむべし此小瓶は白色の玻璃にて細長く流動液の分量を定める為に度量を設け数字を以て明瞭につくりしものなり是を引瓶又は吸瓶とも称す此吸瓶の

COLUMN

日本の乳母制度

『ブリタニカ国際大百科事典』によれば、乳母とは「母親の代わりに乳児に授乳し養育する女性。古来宮廷貴族の間では乳人（めのと）といって、生児のために母親のほかに授乳する女をおくのが常であった」と書かれており、『日本書記』や『東鑑《あずまかがみ》』（鎌倉時代に成立した歴史書。『吾妻鏡《あづまかがみ》』とも）などにも記載されている。

初めは貴族、次いで武士の時代には富や権力と結びついていたが、時代が下るにつれて広がりをみせ、江戸時代には、羽振りのよい町人や一般庶民のなかにも乳母を雇う者が出てきた。明治時代になってからも、富裕層では乳母を雇う習慣が続いていたが、当時の主力メディアであった雑誌や新聞の論調は、乳母制度廃止の方向に向かっていた。

明治18年（1885年）に創刊された『女学雑誌』第1号には「小児栄養上に関すること」として、「初生児には専《もっぱ》ら生母の乳汁を与へ而《しか》しても其《そ》の生母に妨げ或《あ》る時には乳母を用ひ乳母亦《ま》た妨げあるときは即ち牛乳及び其の他の食物を与へて人工育児法を行ふべし」と書かれている。

当時の進歩的知識人は、メディアと一体になって乳母制度を批判し始めた。乳母ではなく生母による養育こそが文明開化後の急速な国力増進、富国強兵をめざす日本にとって重大な要素であるとの記事も発表され、また製造業を主体とする近代産業の発展は、奉公という雇用形態を根底から覆《くつがえ》し、奉公離れを推し進める要因となった。さらに、乳母を雇う側の経済的事情も大きく変化し、こうした流れのなかで、日本の乳母制度は衰退していった。

小児の口唇にあてる部分は乳房の形状に製したる黒色の弾力強きゴム管を以て互に連結つけ吸乳せしむ此の管はゴムの外種々あるも……。

ドイツ人のフリードリッヒ・アンモンによって書かれた原著を、三宅虎太という人物が翻訳したもので、この本では、哺乳器の本体ガラス瓶を「引瓶《ひきびん》又は吸瓶《すいびん》」と表現している。

瓶の形状には触れられておらず、横置き型か縦置き型かははっきりしないが、「分量を定める為《ため》に度量を設け」と、目盛りが付されている旨の記述があることから、縦置き型であったと推測される。しかしながら、この日本語訳の書には、「母親牛乳を小児に與《あた》ふる圖《ず》」として母親が片手で赤ん坊を抱きかかえ、もう一方の手に哺乳瓶を持って授乳している絵が挿されていて、そこに描かれている哺乳瓶は、横置き型のようにみえる。

『母親之義務並育児法』の挿絵

■明治 16 年（1883 年）

『育児の種』矢盛貫一 編

〈生牛乳希釈法〉

牛乳を哺吸するには圖の如き吸乳壜（ちちすひどくり）を以て與ふるを良しとす　用ひ終りて後残乳あれば之を捨てて直に壜内を注意して温湯又は清水にて洗ひ　且つ吸引く護謨管硝子管共に捻紙にて乳滓を掃除しを清水を疎通し洗ふべし……〈中略〉若貧家にして此器械を買求め難き者は俗に吸飲（すいのみ）といふ陶製の乳嘴を帯ぶる猪口を代用すべし……。

この本では、「吸乳瓶」と書いて「ちちすひびん」、あるいは「吸乳壜」を「ちちすひどくり」、また「乳首」を「ちちあたま」と読ませており、哺乳器の形状は、挿図のごとく縦型の哺乳瓶で、依然《いぜん》として細いゴム管付きである。

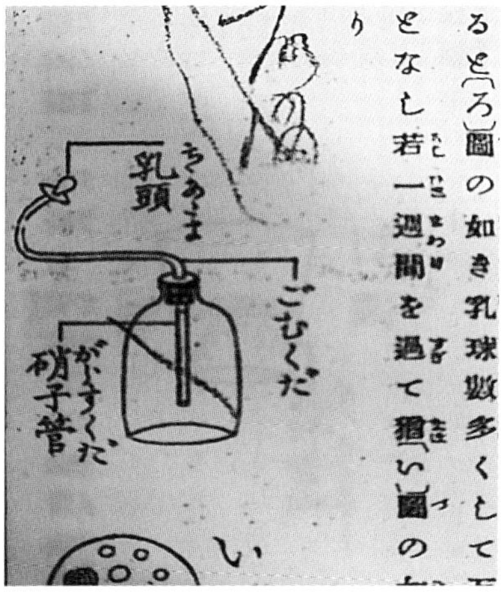

『育児の種』の挿絵

『人工育児法』の
巻頭に掲載されている挿絵

■明治 18 年（1885 年）

『人工育児法』斎木林策・澤祐喜 述　磐陽堂蔵版

「母乳に代用すべき最適な人工栄養として驢馬、山羊の乳汁が従来推奨されているが、入手困難なことが多く、世間では家畜の乳汁といえば牛乳を指す状況になっているから牛乳について説明する」と前置きして、牛乳をいろいろな角度から論じている。そして、「生乳與へるときに注意すべき三箇条」の一つとして、次のような記述がある。

　哺乳瓶（ほにゅうびん）及び哺乳器（ほにゅうき）に属するものは勉めて清潔に保持すべし。古き乳汁の僅かに残着するも夏日にありて直に発酵作用を来たし……。

「哺乳瓶」、「哺乳器」にそれぞれ「ほにゅうびん」、「ほにゅうき」と読み仮名が振られている。「哺乳器」という文字は、すでに『育児小言』（明治９年）にみられたが、その読ませ方は「フィーディングボットル、うばいらず」であった。一方、「哺乳瓶」については、調べられた限りでは、文字としても読み方としても、この本が最初である。

　ちなみに巻頭には、当時用いられていたであろうガラス製哺乳瓶の挿絵が載っている。立派な着物を着て豪《ごう》華《か》な木馬に乗った、いかにも満足気な乳児の絵は、ガラス製哺乳瓶が、裕福な家庭で使われていたことを表していると考えられる。付属器としての細長いゴム管は、依然として付いている。

■明治 21 年（1888 年）

『哺乳兒養育問答』喜多邨常太郎 著　晩翠堂蔵版

問「牛乳ヲ與フル器械ニ付キ注意スヘキ件アリヤ」
答「アリ器械ハ尤モ清浄ナルヲ貴フ　若シ吸飲器ノ管及ヒ吸頭内（乳首内）ニ付着セシ乳汁腐敗スルコトアレバ非常ニ哺乳兒ヲ外スル者ナリ

尤モ注意スベシ器械ハ用後必ズ微温湯ニ入レ希薄ノ曹達水ヲ以テ丁寧に洗浄シ然ル後乾燥セシムベシ　故ニ器械ハ少クトモ二組ヲソナヘ彼是交換シテ用ユベシ」

哺乳器を「吸飲器」あるいは「器械」と記し、付属器を「管及ヒ吸頭」と表現している。読み仮名は振られていない。

■明治 22 年（1889 年）

『婦嬰鑑』長與專斎 選

「第六篇　生母及び乳母の乳汁を用ひずして小児を養育する事」に関する記述のなかに、「ハーセ氏の乳壜」という言葉が出てくる。

■明治 24 年（1891 年）

『兒育草』女学雑誌社 編

育児心得の問答のなかで「哺乳瓶」に「ちちのみ」と振り仮名をしている。

■明治 24 年（1891 年）

『育児談』足立寛 述

〈乳器及ヒ授乳壜ノ取扱ヒノ項〉

牛乳ハ一度煮沸シタル後必ス硝子瓶ニ入レ密栓シテ貯フヘシ　決シテ栓ナキ器ニ貯フ可カラス　尋常ノ長キゴム管ヲ付ケタル授乳壜（じゅにゅうびん、ちちのみどくり）ヲ小児ニ任セ随意ニ吸飲セシメテ放置スルハ甚タ良カラス　必ス生母或ハ乳母ハ授乳壜ヲ保持シ傍らヲ看視シテ吸飲セシムルヲ要ス　何トナレハ之ヲ小児ニ任セテ顧ミサルトキハ乳汁既ニ盡クルモ之ヲ知ラスシテ小児ハ吸飲スルガ故ニ空気胃中ニ入リテ外ヲナスノ弊アリ　且ツ長キゴム管ハ管内ヲ清掃スルニ不便ナルガ故ニ自ラ其内面ニ附着スル乳汁腐敗スルノ害アレバナリ　硝子ノ瓶ニテ金属ノ蓋アリ　内ニハ硝子管ヲ入レ外ハ短キゴム管ト「ゴム乳嘴」トヲ具フル者ヲ用ヒ毎回傳婢（子守リ、乳母ナド）ヲシテ授乳セシムルヲ良シトス　且ツ此ノゴム製ノ部ハ数日用ヒテ柔軟ニナルトキハ必ス更新ヘルヘシ　否ラサレハ小児ノ口中腐爛ヲ起スノ虞アリ　注意スヘシ……〈中略〉授乳壜ハ授乳後イチイチ直ニ清洗シテ清水ヲ充テ置クヘシ……〈中略〉小児成長シテ盃或ハ匙ニテ飲乳スルコトニ慣ルルトキハ授乳壜ヲハイスルヲ良シトス

牛乳を与えるときの注意として、煮沸した牛乳を（一時的に）蓄えておくための「硝子《がらす》瓶」と授乳用の「授乳壜（じゅにゅうびん、ちちのみどくり）」とを区別しており、また、当時の哺乳瓶について、ガラス製の本体とその付属器（ボトルの口元の金属製の蓋、瓶内のガラス管、瓶外の短いゴム管とゴム製の乳嘴）との関係がよくわかる。

ゴム製の部分は早めに交換すること、ゴム管は短めがよいと注意を促しているが、廃止せよとまでは主張していない。

■明治 25 年（1892 年）

『子供そだて草』藤井淵三 編

「炎暑の時候に小児取扱方の規則」のなかで、「吸乳器」を「乳を飲むうつわ」と説明し、「きうにうき」、「ちちいれ」と読ませている。

■明治 26 年（1893 年）

『小児養育法』中村正道 著

「人工養育法」の項で、「哺乳壜」と記載し、図示している（→ P.086）。

人工養育法に於て育児するも母乳にて養ふも其理一なれば必ず授乳定時を極め妄りに過飲せしむべからず　牛乳を哺乳せしむるには圖に示すが如く一の哺乳壜を用ゆるを良とす　此の壜は玻璃壜中にガラス管を挿入し外部の管孔を護謨管に通ず　護謨管端は即哺嘴にして恰も婦人の乳頭に類する如くゴム製或は象牙製角製を好とす

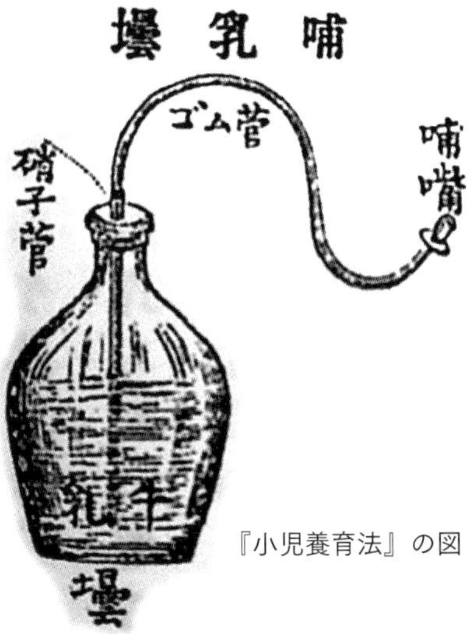

『小児養育法』の図

また、獣乳（驢馬・山羊・羊）を温めるのに「哺乳器」を用いるとの記述もあり、「哺乳壜」と「哺乳器」を同義に使用していると思われる。

■明治 27 年（1894 年）

『育児必携　乳の友』進藤玄啓 述

〈哺乳器〉

牛乳や練乳を飲まざるときは哺乳器（ほにゅうき）と申す器械が入用です　是は圖に示したる如く扁平な瓢箪なりの硝子罐と長き護謨の管と護謨にて製したる呑み口との三つでできているのです。

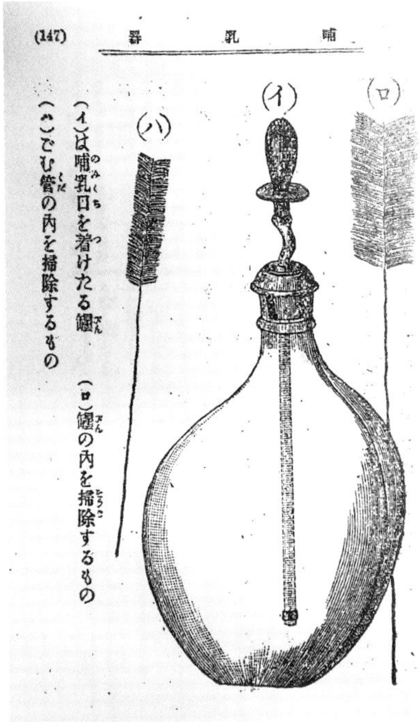

『育児必携　乳の友』の
哺乳器の説明図

その価格は上中下とあるが、普通品は 25 銭くらいだと書かれている。挿絵（左下）は短いゴム管になっているが、これはおそらく、改良が進んでいた西欧の文献からとったものだろう。にもかかわらず、説明文で「長き護謨《ごむ》の管」と書いているのは、当時の実態として、長いゴム管の危険性がまだ十分理解されていなかったためだと考えられる。

■明治 29 年（1896 年）

『育児必携』中井龍之助 著

〈哺乳器〉

牛乳及び練乳を以て小児を養育するには常に哺乳

哺乳器の掃除具と付属器

器を要す。哺乳器は硝子罎と、護謨管と、水牛又は護謨製の嘴（乳首）と、掃除具等より成り、既に普く人々の知れるところなるを以て、茲には詳細の説明をなさざるべし……。

掃除具は前の『育児必携　乳の友』の説明図にもみられるが、衛生面に注意を払うようになってきたのか、この頃は、哺乳器と掃除具がセットで売られていたようだ。

■明治 31 年（1898 年）
『育児の栞』的場銈之助 編

さて、ここまで判明できる範囲で哺乳器の形状をみてきたが、それがこの『育児の栞』では初めて、「哺乳の罎《びん》にも種々ありて、その形状は一定せざれども……」と、縦置き型と横置き型、ひいてはゴム管の長短についても比較して論じている。

これより自家において、小児に哺ましむるの器に就き述ぶる所あらんとす。哺乳の罎にも種々ありて、その形状は一定せざれども、要するに成るべく硝子にて、できたるを良しとす。世間には、ゴムの管の長さを撰み、乳を罎の中に満し小児に放任して哺ましめ、己れは他の家事などに馳走するが為めに、小児はその罎中の乳を既に哺み尽くしたるにも拘わらず、いつまでも吸収するが故に測らざる病を起こすこともあるものなり。殊に管の長きは兎角に掃除の行き届かぬるものなれば、屢々取り換えざる可からざるのみならず、又能く破れやすければ甚だ不利なりとす。

いま右（著者注—左下の挿絵）に示すところの甲乙の二圖は、いずれも改良したるものなれば、その何れを撰むも妨なしといえども、甲圖は罎も細長くして、且つゴム管が極めて短ければ、必ずやその保母が持ちながら哺まさざるを得ず、随って注意も十分に行き届くべしといえども、乙はその罎がもと手に持ちて哺ましむるの体に造りしにあらざれば、自ずからその保母に気儘を生じ、小児に放任することなしとせず。されば新たに哺乳器を購はんとする人は、必ず前者を撰ぶを以て得たるものとすなり。

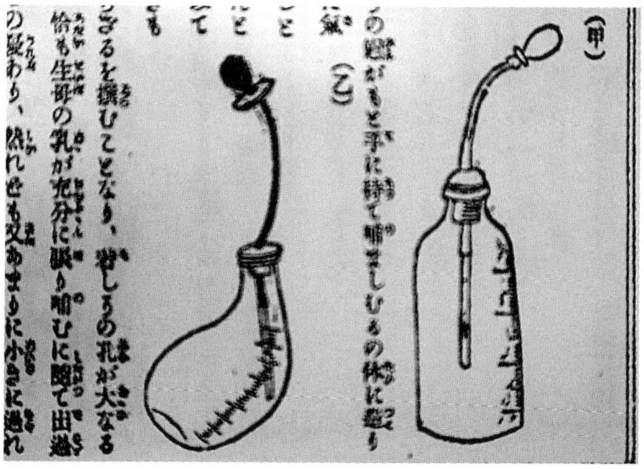

『育児の栞』の挿絵

要約すると、縦置き型でゴム管が短いほうが、子どもを抱っこしないと飲ませられないので子どもに注意が行き届くし、洗浄もしやすいので衛生

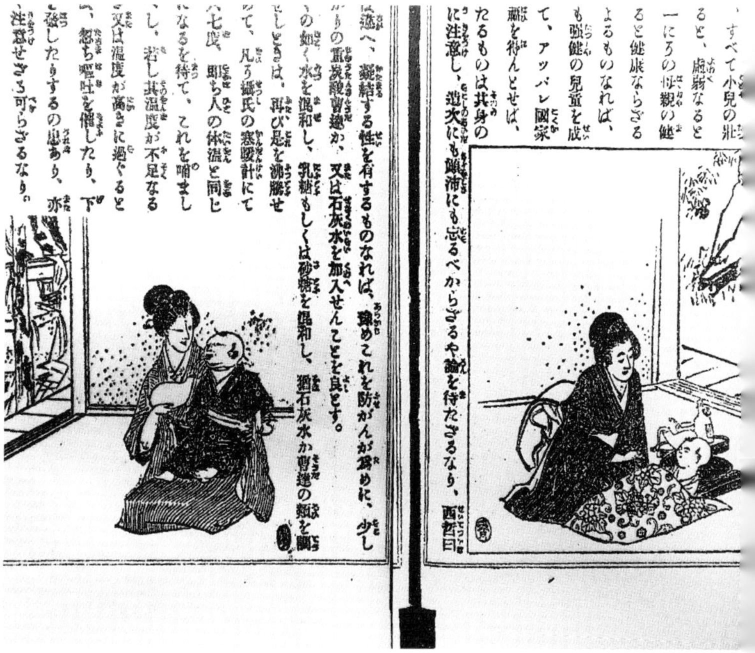

『育児の栞』の別項に掲載された挿絵

的だというのである。私の調べたところでは、これが初めて明白に短いゴム管を推奨している文献だ。しかしながら、この本の他の箇所に掲載されている挿絵（→ P.087 右下）をみると、ゴム管を接続する瓶口の部分が持ち上がった横置き型哺乳瓶が描かれており、ゴム管も決して短くはないようで、依然として、実際に庶民が生活の中で身近に使っているものと、学問・学説との間に一定の距離があることを示している。

■明治 34 年（1901 年）

『子の育て方』 **松雲堂編纂所 編**

〈哺乳瓶選択〉

哺乳壜の低價のものは、コロップ（コルク）に木を添えたる栓にて鼠白色の細く軟らかき護謨紐（ゴム管）を付けたり。然るに此種の壜は甚だ嬰児の衛生上に害あり。何となれば充分に清潔法を行届かし難ければなり。

因て総て護謨管を除くの外は悉くガラス製のものを用ゐ　其中にも量の刻りたる長壜にして管の短きものを用ゐるべし。是ならば悉く硝子なるが故清潔にも為易く護謨管短くば第一清潔し易く破れ易き虞も無くして甚だよし。管長ければ小児の臥したるままに管を伸ばして哺ませ置き空壜と為りたるをも知らず。為めに小児は腐敗せし乳汁を哺みて危険に瀕する等の憂なし。尚又此壜は細長き故是非持ちて哺ます故憂はあらず……。

『子の育て方』の表紙絵

やはり、ゴム管を含めた哺乳器の洗浄の必要性が強く意識されており、ガラス製の「長壜」（縦置き型）でゴム管の短いものが衛生的だとして推奨している。だが、この本においても、表紙に描かれた哺乳瓶は必ずしも理想的な形状ではなく、ゴム管もかなり長いようである。

■明治 36 年（1903 年）

『小児養育の心得』 **長浜宗佶 著**

天然栄養にありては哺乳兒は授乳者の乳房より直接に哺乳すれども牛乳にありては適当なる装置則ち哺乳器（ちちのみ）より哺乳せざるべからず　如何に牛乳は善良にして完全なるものなりと雖も　哺乳器の不潔なるか又は不適当なるときは哺乳兒をして完全に養育すること能わざるなり　哺乳器は硝子壜硝子管護謨管護謨製乳嘴と掃除具より成る　哺乳器は清潔になし易き様則ち洗浄し易き様製したるものならざるべからず　護謨管は短きを良しとす　長過ぎる時は掃除し難く破れ易し……

この初版本にある哺乳瓶の絵は、横置き型で長いゴム管が付けられているが、明治 41 年（1908 年）版では、「又近来は細長き硝子壜に護謨の乳嘴を冠《かむ》らせた単簡なる哺乳器あり」とゴム管を排した乳首直付け式の縦置き型哺乳器が登場したことが加筆されている。さらに大正 3 年（1914 年）の版になると、「此の點《てん》より見れば細長き硝子壜の口に護謨の乳嘴を冠らせたもの（乳首直付け式の縦置き型）を最も良しとす」と書き加えられた。

初版本の挿絵

TOPICS

欧米では、画期的な哺乳瓶が次々誕生

細長いゴム管が日本でようやく問題視され始めたこの頃、すでに欧米では、2つの革新的な出来事が起きていた。「殺人ボトル」を危険だとしながらも駆逐できず、清潔で安全な哺乳瓶の開発が急がれていたなかでのことだ。

その一つは、イギリスで双口型哺乳瓶が登場したことだ。1894年にアレン（Allen）とハンベリー（Hanbury）によって発明されたもので、「アレンベリー（Allenbury）型哺乳瓶」と称される。バナナのような形をした横置き型の哺乳瓶で、両端には広めの口が設けられている。

一方の口にゴム製の乳首を直接取り付け、もう一方の口からミルクや栄養物を注入し、注入したら、これもゴム製の、空気孔《あな》の開いたキャップで蓋をする。それで赤ちゃんが吸えば、コンスタントにミルクが口の中に流れ込むという仕組みだ。細いゴム管を使わずとも楽に哺乳することができ、ボトルの洗浄もしやすいので、たちまち人気を博した。以後、アレンベリー型の改良品はもちろん、多くの類似デザインのボトルが生まれ、「バナナボトル」の愛称で、1950年代まで売れ続けた。

そして、もう一つは、奇しくも同じ1894年、アメリカ・ニューヨーク州の医師W・M・デッカー（W. M Decker）が、広口の円筒形ガラス容器の口を直接ゴム製の乳首で覆った哺乳瓶を考案して特許をとったことである。乳首を外せば、口の広いコップのような本体なので、洗いやすいのはもちろん、扱うのも簡単だ。こちらはギリシャ神話の健康と衛生の女神ヒュギエイア（Hygieia）を英語読みして「ハイジア哺乳瓶」と名付けられた。その後、改良を重ねながら、現代の哺乳瓶へと近づいていくことになる。

ちなみに、日本で乳首直付け式哺乳瓶に関する記述が最初にみられるのは、『小児養育の心得』の明治41年（1908年）版であるが、「細長き硝子壜に護謨の乳嘴を冠らせた」とあるので、同じ乳首直付け式でも、広口型ではなく、細首型だ。広口型が文献に登場するまでには、もう10年ほど待たなければならない。文明開化へと意気込み、欧米文化のいち早い輸入に努めるも、哺乳器に関しては、四半世紀近く遅れをとっていたようだ。

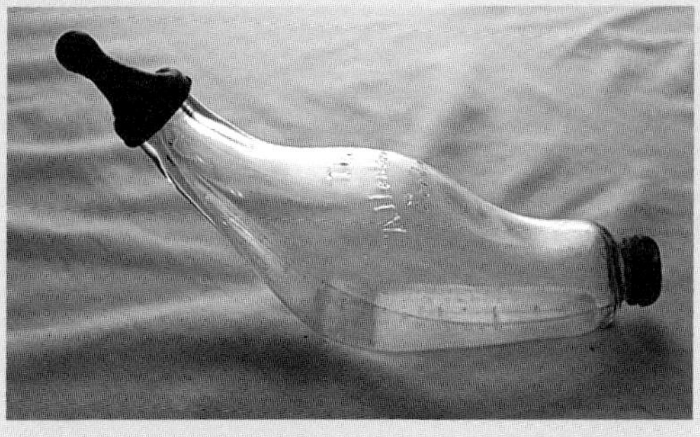

アレンベリー型哺乳瓶

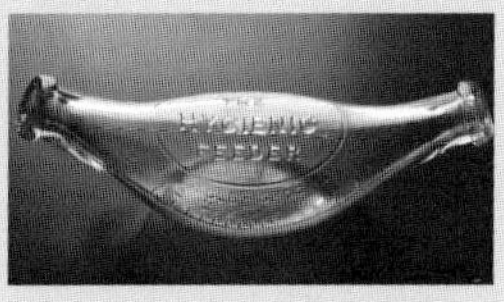

後発の双口型哺乳瓶として有名なのが、この「ハイジェニックフィーダー（Hygienic Feeder）だ。置いても倒れないように底が平らになっており、片手で赤ん坊を抱きかかえながら、もう一方の手に収まるサイズに造られている。ハイジア哺乳瓶と同じく、ギリシャ神話の健康と衛生の女神に由来するこのブランド名は、清潔さへの意識の高まりを強調するものとされた。

ハイジア哺乳瓶

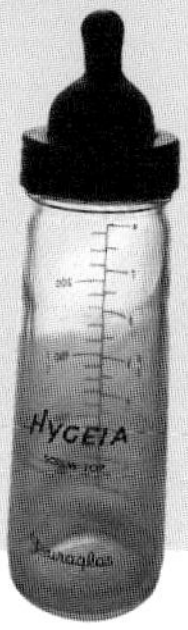

改良が進んだ
ハイジア哺乳瓶

開発当初、乳首はゴム製一体型の直付け被せタイプだったが、改良を重ねるなかで、プラスチックや金属リングの付いたネジ蓋でゴム製の乳首を固定する方式へと変わっていった。1960年代になると、プラスチック製の哺乳瓶も開発され、それまでのガラス製哺乳瓶にほどこされていた無色の浮き出し模様から、さまざまなデザインを、さまざまな色でプリントできるようになった。

日本で長い
ゴム管付きの哺乳瓶が
全盛だった頃の
パッケージ

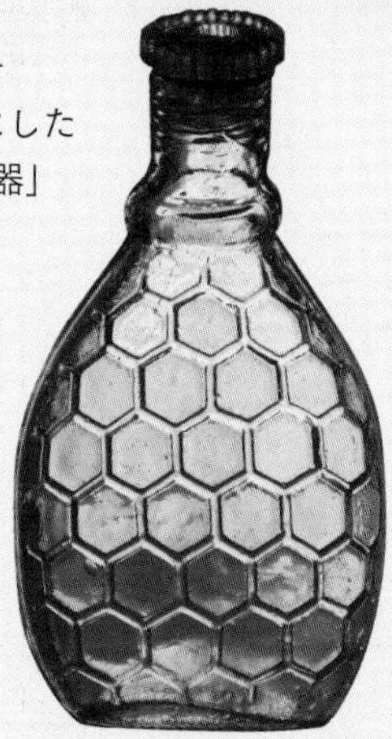

浦島太郎を
モチーフにした
「亀甲哺乳器」
（ONO 製）

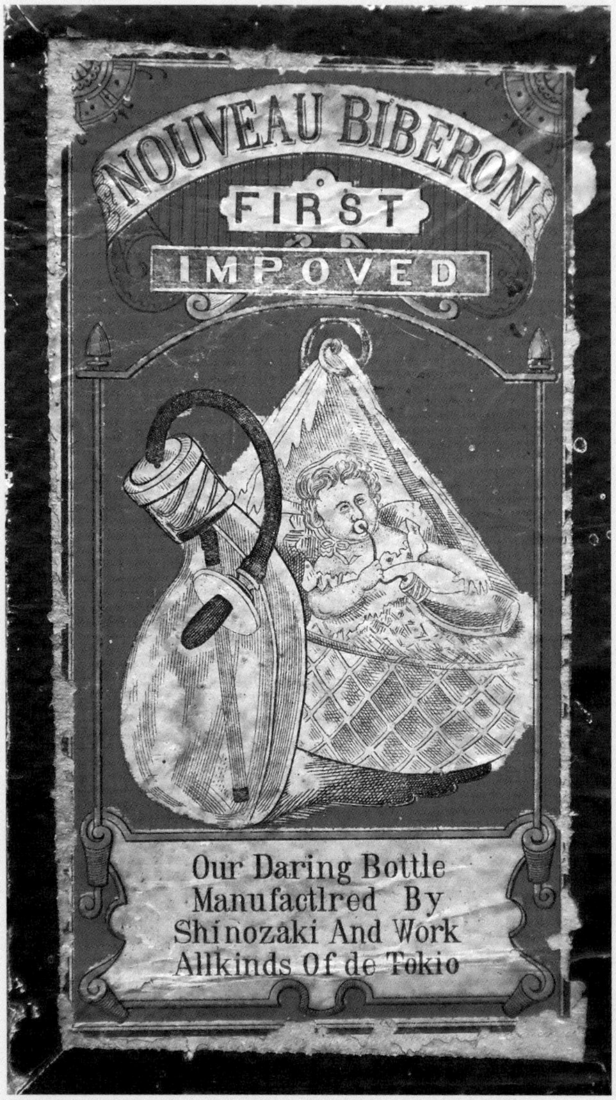

「Our Daring Bottle」
元はフランス製と思われる。
（SHINOZAKI 製作所）

（INUI 製造）

星と錨と大砲は、
第一次世界大戦時の
海軍を象徴した図柄
といわれる。
（ONO 製）

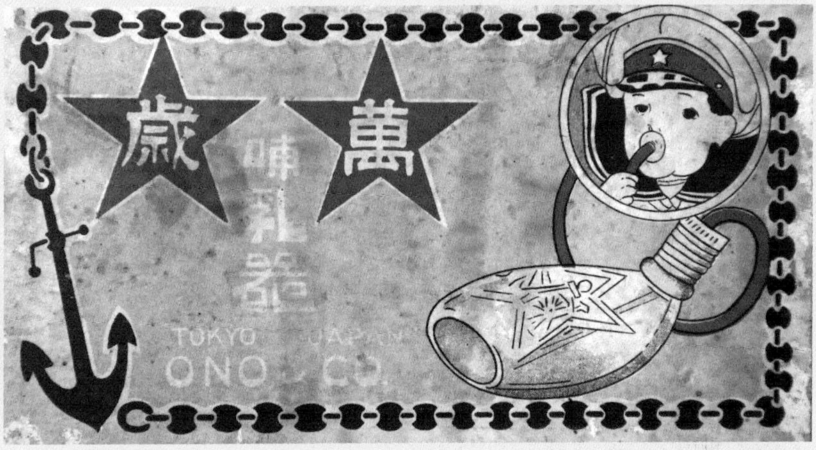

諸先生方ご推奨の
「ちゝうすめ」
（牛乳希釈計・
製造元不明）

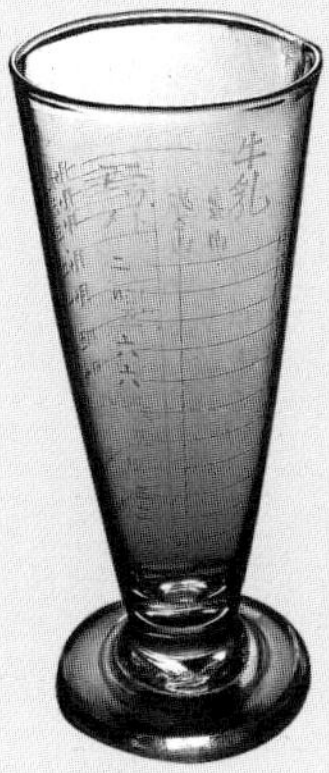

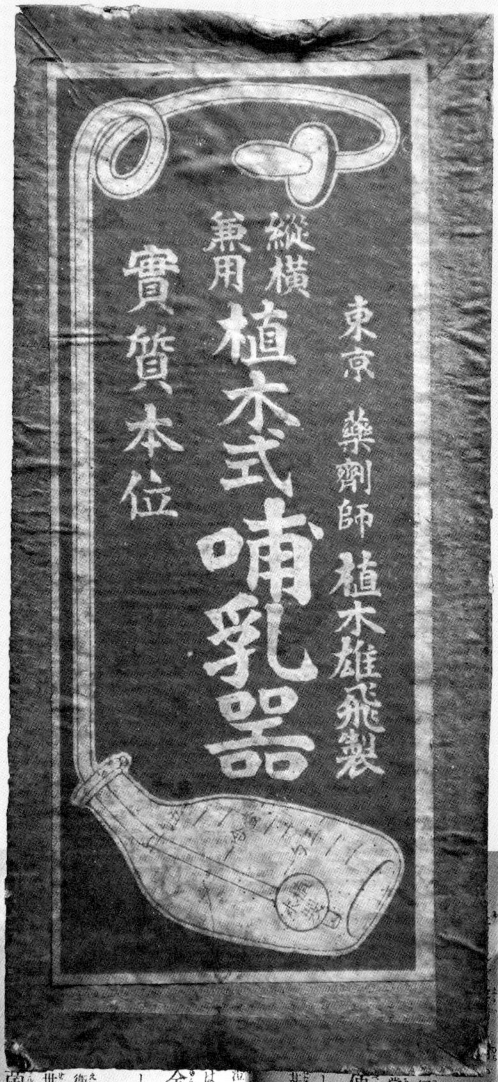

上：「薬剤師」という肩書を記し、実用性と信用度の高さをアピール。（植木雄飛製）

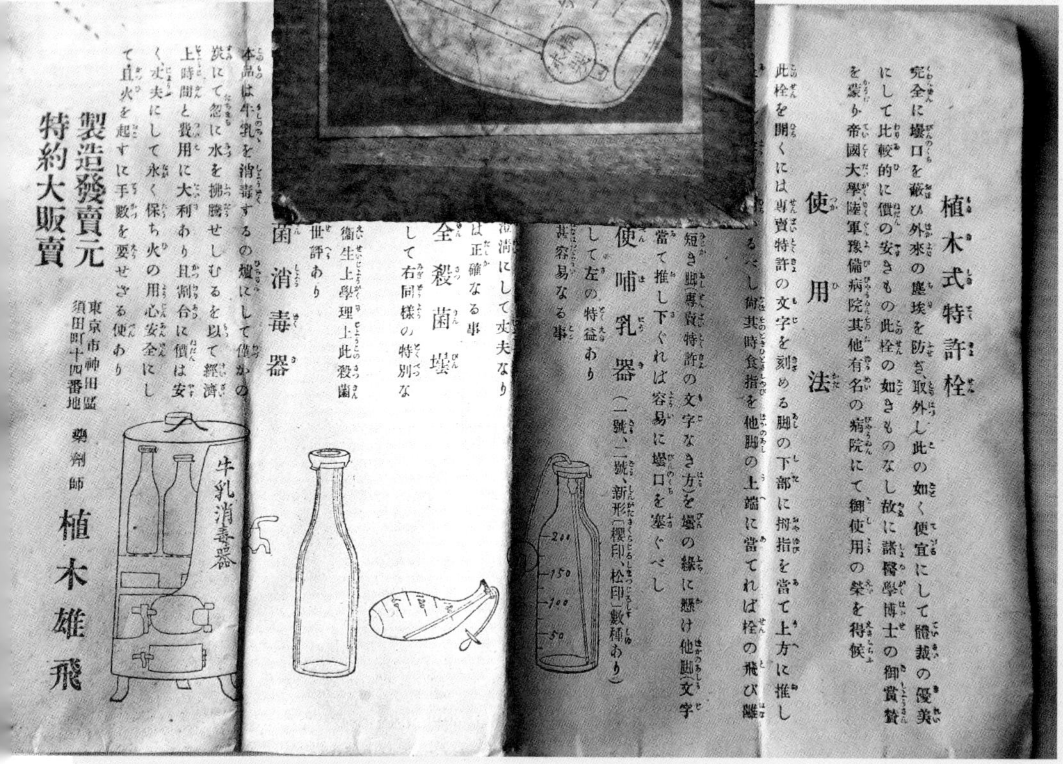

下：「植木式哺乳器」の取扱説明書。前段部分に「帝國大學陸軍豫《よ》備《び》病院其《その》他《た》有名の病院にて御使用の栄を得《え》候《そうろう》」と書かれてある。縦置き型と横置き型の哺乳器だけでなく、牛乳の消毒器と、そのための専用瓶も製造していたようだ。

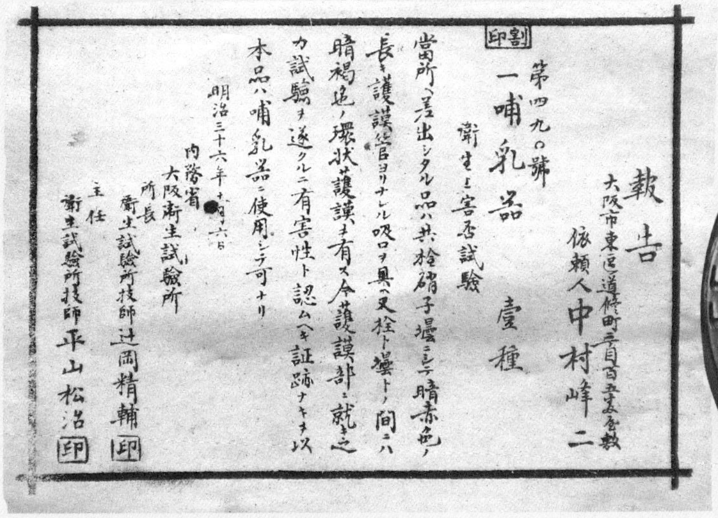
報告
大阪市東区道修町三丁目百五十五番
依頼人 中村峰二
第四九〇號
一 哺乳器 壹種
衛生上害否試験
當所ヘ差出シタル品ハ共栓硝子壜ニシテ暗赤色ノ長キ護謨管ヨリナレル吸口ヲ具ヘ又栓ト壜トノ間ニハ暗褐色ノ環状護謨ヲ有ス今護謨部ニ就キ之カ試験ヲ遂クルニ有害性ト認ムヘキ証跡ナキヲ以本品ハ哺乳器ニ使用シテ可ナリ
明治三十六年十一月六日
内務省
大阪衛生試験所
所長
衛生試験所技師 辻岡精輔 印
主任
衛生試験所技師 平山松治 印
割印

鷲《わし》がトレードマークの中村ガラス製作所の哺乳器の外箱と、内務省大阪衛生試験所が同製作所の哺乳器の安全性を担保した報告書。「明治三十六年十一月六日」とある。

哺乳瓶と牛乳にまつわる風刺画———

哺乳壜、横置きにて護謨長かりしは、不衛生のみならず、自ずからその保母に気儘を生じ、小児を放任することに……

すなわち、「長いゴム管付きの横置き型哺乳瓶は、不衛生なだけでなく、
大人が飲ませずとも子どもが一人で飲むことができるので事故が起こりやすい」——という、
この論説を支持した風刺《ふうし》画ともとれるような絵が、当時の引き札などに描かれていた。
人工栄養として牛乳がもてはやされていたこともうかがえる。

お母さんが寝ている間に大騒ぎ！

横置き型じゃなくて、
縦置き型のが欲しいよぉ！

小さい子は横置き型、大きい子は縦置き型を手に、
子どもたちだけで牛乳を飲んでいる。

明治から大正にかけての牛乳販売店やミルクメーカーの新聞広告

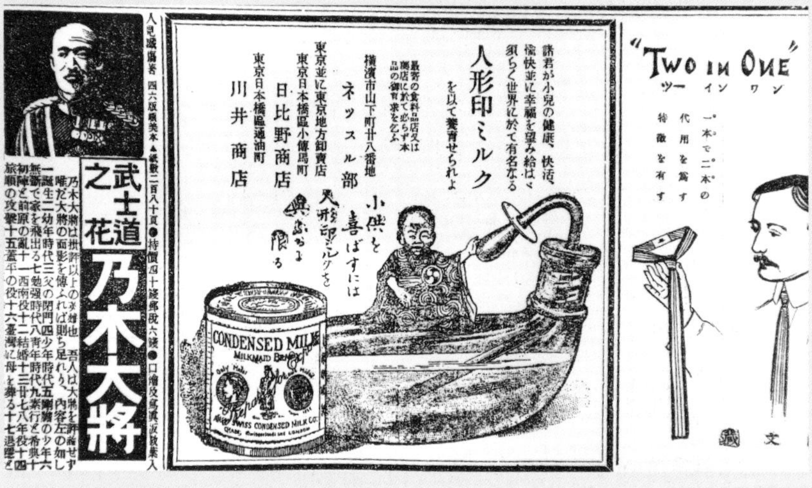

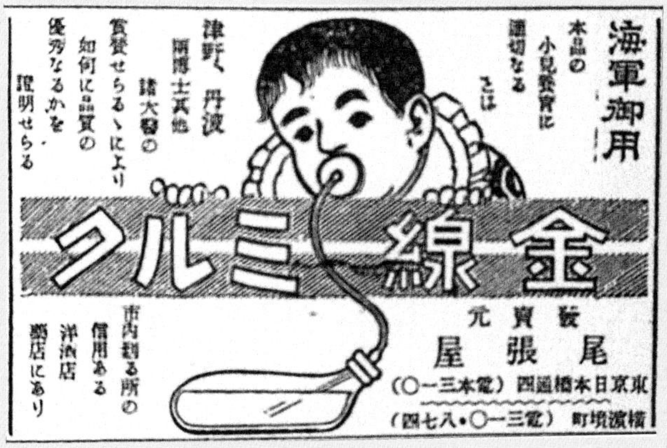

『東京朝日新聞』（明治39年〜大正元年発行）より

時代を感じさせる当時の広報ツール

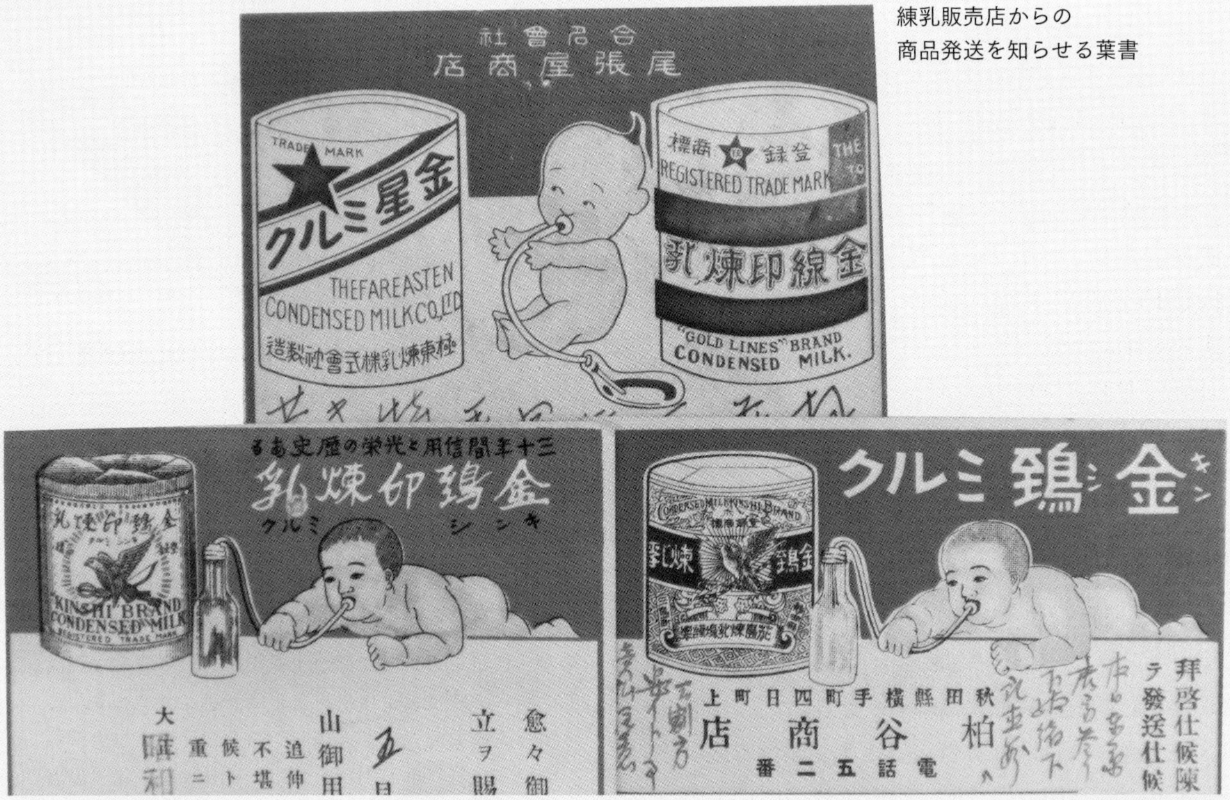

練乳販売店からの
商品発送を知らせる葉書

盛進軒引札
画像提供：一般社団法人Ｊミルク

「ぼくの殻《から》だよ!!」卵の中で哺乳瓶

■明治34年（1901年）

『普通育児法』木村鉱太郎 著

〈哺乳器〉

赤子に牛乳を呑ましむるに最も便なる者は哺乳器なり。此の器は種々の形を有すれども要するに硝子にて造り護謨の吸口を附けたる者なり。

掲載している絵は、横置き型の哺乳瓶と細首縦置き型の瓶である。縦置き型の瓶は、牛乳などの保存用の瓶だと思われる。なぜなら、乳首直付け式哺乳瓶がまだ日本に現れる以前であること、そして、「牛乳の防腐及《およ》び其の貯蔵法」の項に、「……もっとも完全なる消毒貯蔵ハ『ソキスレート氏』の煮沸器なり。その使用法は次ぎのようである……」と、牛乳の消毒法に関する説明がなされているからである。

他方、横置き型の哺乳瓶は、やはり長いゴム管付きで、他書においては、この頃には「ゴム管はできるだけ短くすべき」という記述が増えてきているにもかかわらず、ゴム管についてはコメントすらされてない。長いゴム管は洗浄し難く非衛生的であることが、医学者の間でさえ、まだ十分に浸透していなかったのだろうか。そうであるなら、なおさら一般庶民の知識は遅れていたと考えて差し支えないであろう。

中身の牛乳を消毒する方法が説明されていながら、哺乳瓶についてはまだ、非衛生的なゴム管やガラス管が普通に使われていたのである。

■明治36年（1903年）

『育児衛生顧問』東京衛生協会 編

〈牛乳の貯蔵及び防腐〉

牛乳貯蔵に用ゐる器具は硝子器か若しくは陶器が宜しいので銅製又は鐵葉《すず》などの器は決して用ゐてはならぬ　又貯ふるところの器の口は廣くない物を撰ぶのが最も必要である……

〈容器及び清潔法〉

其の容器に二つの種類がある。一つは営業者が牛乳を配達するもの、他の一つは之を飲ます時に使うもので、営業者は牛乳を配達するに以前は鐵葉製の物を持ちゐたけれど是等は容易に害を招き、又空気に触れるので酸化し易く稍々もすればこれが為め不潔になりがちのものであり、又鐵葉製の物となると内を見ることができず度々其の蓋を開かなければならない爲めに空気に触れ易く……〈中略〉また此の（牛乳を飲ます時に使う）哺乳器（ほにゅうき）は兎角乳糟等の汚物が着き易いのであるから常に清潔ならしむべし……

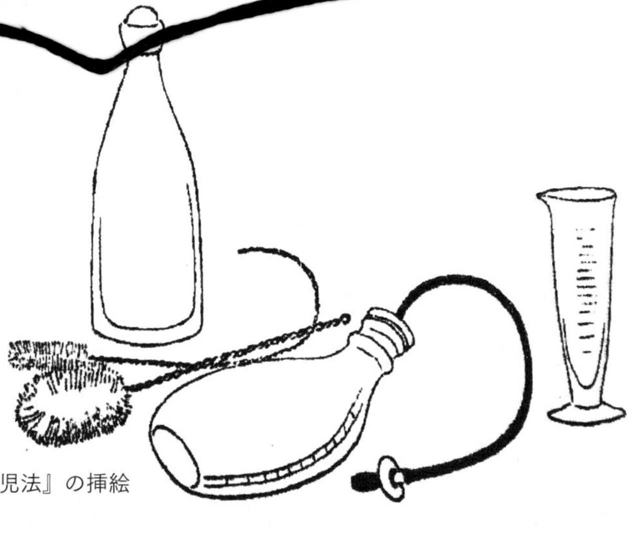

『普通育児法』の挿絵

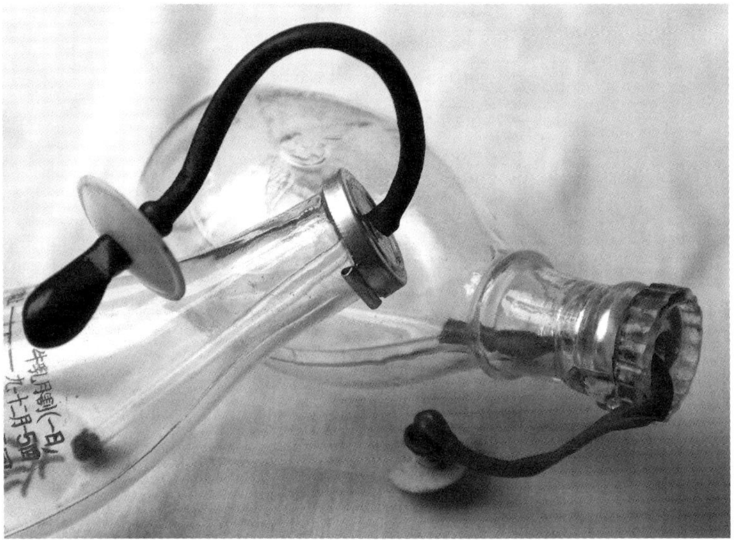

■明治 36 年（1903 年）

『家庭衛生小児養育法』後藤新蔵 著

〈哺乳瓶〉

……一箇の玻璃中に稍々長き硝子管を挿入し、瓶口に拑入したる木栓を以て密閉し、而して内部の硝子口管口は殆ど瓶亭に達し、始終乳汁中にあらしめ外部の孔口は護謨管に通ず、護謨管端は則ち乳頭に擬する所の乳嘴なり、乳嘴或は哺嘴は護謨製又は象牙製或は角より成るものあり、要するに哺兒の口内を傷つけさるものなれば足る。

当時の哺乳瓶の構造が簡潔に、わかりやすく説明されているが、ガラス管・ゴム管は従来通りである。

■明治 40 年（1907 年）

『家庭衛生のしるべ』大北準一郎 著

従来の内容をほとんど踏襲《とうしゅう》しているが、再び「哺乳器」と記載している。

■明治 41 年（1908 年）

『育児学』岩淵豊春 著

当時、牛乳を人工栄養として用いるときは、まず牛乳を消毒用の瓶に入れて熱消毒をした後に哺乳瓶に移し替えるという方法をとられることが多かったが、たとえ、いかに牛乳を消毒したとしても、哺乳器が不潔であったら元も子もない。「いっそ哺乳器を用いずに消毒瓶を密閉したまま、なるべく（早めに）消毒瓶に玻璃《はり》管（ガラス管）を挿入し護謨性の乳首をつけて飲ませる様にするのがよい」という意見を紹介している。

消毒瓶をそのまま哺乳器として使用することを推奨している点は進歩的であるが、ゴム管とガラス管を認めているところは、まだ不十分である。

■明治 42 年（1909 年）

『小児ノ栄養発育及衛生』高洲謙一郎 編

牛乳を煮沸消毒した瓶に直接ゴム製乳首を被せ、授乳器として使うのが最もよい方法であることを述べている。また、どうしても別に哺乳瓶を使いたいときは、ゴム管をできるだけ短くするように注意を促している。

三越呉服店が双口型哺乳瓶を販売開始!

明治43年（1910年）に発行された『みつこしタイムス』に、「阿母《おっか》さんの一大事《だいじ》」という記事が掲載された。女子高等師範学校の教授である宮川寿美子氏の談話である。

その記事には概《おおむ》ね、次のようなことが書かれている。

「英国などでは衛生ということに力を入れたため、一般市民の死亡率が激減したけれど、生後1年未満ぐらいの乳児の死亡率は50年前と変わっていない。

外出することが多くて、哺乳の時間がとれないし面倒だ。授乳することにより体力が失われ、容貌《ようぼう》が衰《おとろ》える。生活のために働かねばならず、授乳の時間がとれない、などを理由として、母親が母乳を与えないことが大きな原因である。日本でもそういう風潮にならないよう、何でも彼《か》でも西洋の真似をしないように」

そして、ここからがビッグニュースである。

「やむを得ず人工栄養を用いる場合は、よい哺乳器を選ばなければならない。従来の哺乳器は、瓶の中のガラス管が中でガラス瓶とぶつかって欠けたりして危険であり、また長いゴム管やゴム製の乳首も洗浄しにくく細菌に汚染されやすい構造になっている。

英国などではボート形双口タイプで、瓶口に直接ゴム製乳首が付いており、掃除の際にはゴムを外して簡単に洗えるし、またもう一方の口のゴム栓には小さい穴が開いていて、外気が入って乳汁が吸いやすくなっている。さらに、その形状から、母親が瓶を持たずに哺乳することは難しく、常に哺乳を見守ることになる

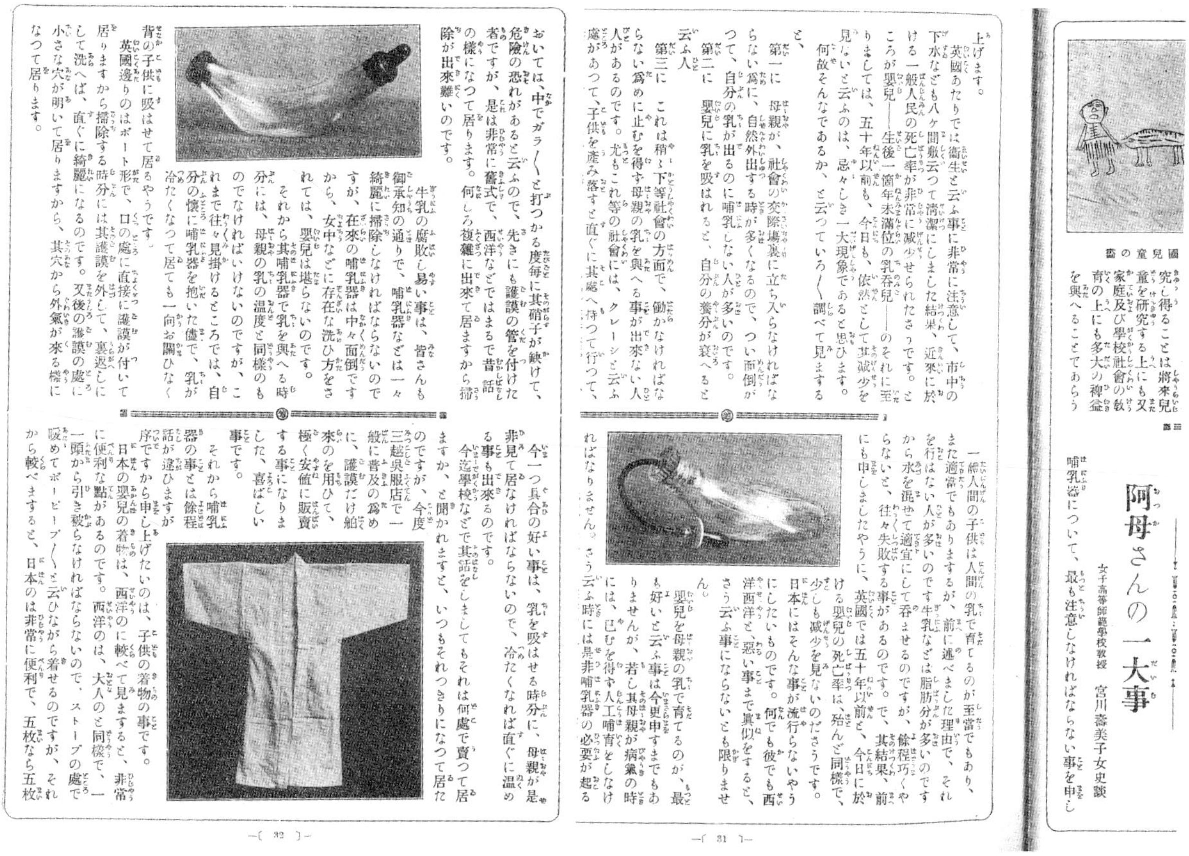

國兒童の畫

究し得ることは將來兒《しやうらいじ》童を研究《けんきう》する上《うへ》にも又《また》家庭《かてい》及《およ》び學校社會《がくかうしやくわい》の敎育《けういく》の上《うへ》にも多大《ただい》の裨益《ひえき》を與《あた》へることであらう

阿母《おつか》さんの一大事《だいじ》

女子高等師範學校敎授　宮川壽美子女史談

哺乳器《はにふき》について、最《もつと》も注意《ちうい》しなければならない事《こと》を申《まを》し上《あ》げます。

英國《えいこく》あたりでは衞生《えいせい》と云ふ事に非常《ひじやう》に注意《ちうい》して、市中《しちう》の下水《げすゐ》なども八ヶ間敷云つて清潔《せいけつ》にしました結果《けつくわ》、近來《きんらい》に於《お》ける一般人民《ぱんじんみん》の死亡率《しばうりつ》が非常《ひじやう》に減少《げんせう》せられたさうです。ところが嬰兒《えいじ》――生後《せいご》一箇年未滿位《かねんみまんぐらゐ》の乳吞兒《ちのみご》――のそれに至《いた》りましては、五十年以前《ねんいぜん》も、今日《こんにち》も、依然《いぜん》として其減少《そのげんせう》を見《み》ないと云《い》ふのは、忌々《ゆゝ》しき一大現象《だいげんしやう》であると思《おも》ひます。

何故《なぜ》そんなであるか、と云《い》つていろ〳〵調《しら》べて見《み》まするに、

第《だい》一に　母親《はゝおや》が、社會《しやくわい》の交際場裏《かうさいぢやうり》に立《た》ち入らなければならない爲《ため》に、自然外出《しぜんぐわいしゆつ》する時《とき》が多《おほ》くなるので、つい面倒《めんだう》がつて、自分《じぶん》の乳《ちゝ》が出《で》るのに哺乳《ほにう》しない人《ひと》が多《おほ》いのです。

第《だい》二に　嬰兒《えいじ》に乳《ちゝ》を吸《す》はれると、自分《じぶん》の養分《やうぶん》が衰《おとろ》へると云《い》ふ人《ひと》

第《だい》三に　これは稍々下等社會《やゝかとうしやくわい》の方面《はうめん》で、働《はたら》かなければならない爲《た》めに止《や》むを得《え》ず母親《はゝおや》の乳《ちゝ》を與《あた》へる事《こと》が出來《でき》ない人《ひと》があるのです。尤《もつと》もこれ等《ら》の社會《しやくわい》には、クレーシと云《い》ふ處《ところ》があつて、子供《こども》を產《う》み落《お》すと直《す》ぐに其處《そこ》へ持《も》つて行《い》つて、

一體人間《たいにんげん》の子供《こども》は人間《にんげん》の乳《ちゝ》で育《そだ》てるのが至當《したう》でもあり、また適當《てきたう》でもありまするが、前《まへ》に述《の》べました理由《りいう》で、それを行《おこな》はない人《ひと》が多《おほ》いのです牛乳《ぎうにう》などは脂肪分《しばうぶん》が多《おほ》いのですから水《みづ》を混《ま》ぜて適宜《てきぎ》にして吞《の》ませるのですが、餘程巧《よほどたく》みにやらないと、往々失敗《わう〳〵しつぱい》する事《こと》があるのです。で、其結果《そのけつくわ》、前《まへ》にも申《まを》しましたやうに、英國《えいこく》では五十年以前《ねんいぜん》と、今日《こんにち》に於《お》ける嬰兒《えいじ》の死亡率《しばうりつ》は、殆《ほと》んど同樣《どうやう》で、少《すこ》しも減少《げんせう》を見《み》ないのださうです。

日本《にほん》にはそんな事《こと》が流行《はや》らないやうにしたいものです。何《なん》でも彼《か》でも西洋《せいやう》西洋《せいやう》と、惡《わる》い事《こと》まで眞似《まね》をすると、さう云《い》ふ事《こと》にならないとも限《かぎ》りません。

嬰兒《えいじ》を母親《はゝおや》の乳《ちゝ》で育《そだ》てるのが、最《もつと》も好《よ》いと云《い》ふ事《こと》は今更申《いまさらまを》すまでもありませんが、若《も》し其母親《そのはゝおや》が病氣《びやうき》の時《とき》には、已《や》むを得《え》ず人工哺育《じんこうほいく》をしなければなりません。さう云《い》ふ時《とき》には是非哺乳器《ぜひほにうき》の必要《ひつえう》が起《おこ》る

—〔 31 〕—

おいては、中《なか》でガラ〳〵と打《ぶ》つかる度毎《たびごと》に其硝子《そのがらす》が缺《か》けて、危險《きけん》の恐《おそ》れがあると云《い》ふので、先《さ》きにも護謨《ごむ》の管《くだ》を付《つ》けた者《もの》ですが、是《これ》は非常《ひじやう》に舊式《きうしき》で、西洋《せいやう》などではまるで昔話《むかしばなし》の樣《やう》になつて居《を》ります。何《なに》しろ複雜《ふくざつ》に出來《でき》て居《ゐ》ますから掃除《さうぢ》が出來難《できにく》いのです。

牛乳《ぎうにう》の腐敗《ふはい》し易《やす》い事《こと》は、皆《みな》さんも御承知《ごしやうち》の通《とほ》りで、哺乳器《ほにうき》などは一々綺麗《きれい》に掃除《さうぢ》しなければならないのですが、在來《ざいらい》の哺乳器《ほにうき》は中々面倒《なか〳〵めんだう》ですから、女中《ぢよちう》などに存在《ぞんざい》な洗《あら》ひ方《かた》をされては、嬰兒《えいじ》は堪《たま》らないのです。

それから其哺乳器《そのほにうき》で乳《ちゝ》を與《あた》へる時分《じぶん》には、母親《はゝおや》の乳《ちゝ》の温度《をんど》と同樣《どうやう》のものでなければいけないのですが、これまで往々見掛《わう〳〵みか》けるところでは、自分《じぶん》の懷《ふところ》に哺乳器《ほにうき》を抱《いだ》いた儘《まゝ》で、乳《ちゝ》が冷《つめ》たくなつて居《ゐ》ても一向《かう》お關《かま》ひなく背中《せなか》の子供《こども》に吸《す》はせて居《ゐ》るやうです。

英國邊《えいこくあた》りのはボート形《がた》で、口《くち》の處《ところ》に直接《ちよくせつ》に護謨《ごむ》が付《つ》いて居《を》りますから掃除《さうぢ》する時分《じぶん》には其護謨《そのごむ》を外《はづ》して、裏返《うらがへ》しにして洗《あら》へば、直《す》ぐに綺麗《きれい》になるのです。又後《またうしろ》の護謨《ごむ》の處《ところ》に小《ちい》さな穴《あな》が明《あ》いて居《ゐ》りますから、其穴《そのあな》から外氣《ぐわいき》が來《く》る樣《やう》になつて居《を》ります。

今《いま》一つ具合《ぐあひ》の好《よ》い事《こと》は、乳《ちゝ》を吸《す》はせる時分《じぶん》に、母親《はゝおや》が是非《ぜひ》見《み》て居《ゐ》なければならないので、冷《つめ》たくなれば直《す》ぐに温《ぬく》める事《こと》も出來《でき》るのです。

今迄學校《いまゝでがくかう》などで其話《そのはなし》をしましてもそれは何處《どこ》で賣《う》つて居《を》りますか、と聞《き》かれますと、いつもそれつきりになつて居《ゐ》たのですが、今度《こんど》三越呉服店《みつこしごふくてん》で一般《ぱん》に普及《ふきふ》の爲《た》めに、護謨《ごむ》だけ舶來《はくらい》のものを用《もち》ひて、極《ご》く安値《やすね》に販賣《はんばい》する事《こと》になりました、喜《よろこ》ばしい事《こと》です。

それから哺乳器《ほにうき》の事《こと》とは餘程《よほど》話《はなし》が違《ちが》ひますが序《ついで》ですから申《まを》し上《あ》げたいのは、子供《こども》の着物《きもの》の事《こと》です。

日本《にほん》の嬰兒《あかんぼ》の着物《きもの》は、西洋《せいやう》のに較《くら》べて見《み》ますると、非常《ひじやう》に便利《べんり》な點《てん》があるのです。西洋《せいやう》のは、大人《おとな》のと同樣《どうやう》で、一一頭《ひと》から引《ひ》き被《かぶ》らなければならないので、ストーブの處《ところ》で暖《あたゝ》めてボーピープ〳〵と云《い》ひながら着《き》せるのですが、それから較《くら》べますると、日本《にほん》のは非常《ひじやう》に便利《べんり》で、五枚《まい》なら五枚

—〔 32 〕—

明治43年発行の『みつこしタイムス』

ので、このことが事故防止のみならず母児《こ》関係の構築に役立っている。
　このほど三越呉服店で、この双口型哺乳瓶を普及させるため、ゴムだけ舶来品で瓶は日本製の安価なものを販売することになった。喜ばしいことだ」

　1894年にイギリスで発明されてから16年。バナナ型（宮川氏はボート形と表現）の双口型哺乳瓶が、ようやく、我が国にもたらされると報じられたのである。
　この当時、日本国内の育児・栄養を専門とする学者の間では、「理論的には、乳嘴はボトル本体に直付けすることが望ましいが、やむを得ず用いる場合は、可及《かきゅう》的にゴム管を短くすべきである」という記述にとどまっていることが多かった。そのような時代に、庶民向けの読み物として『みつこしタイムス』に記載されたこの記事は、学者が綴《つづ》った本よりも強く世間一般の人々にアピールしたものと思われる。
『みつこしタイムス』は翌、明治44年（1911年）に「新式船形哺乳器　一個五十銭」、さらに大正を迎えた1912年には、同じ船形の「佛国製哺乳器　一個四十銭」と、広告を掲載している。ちなみに、この頃のモリソバやカケソバの値段は、一杯3銭程度であった。

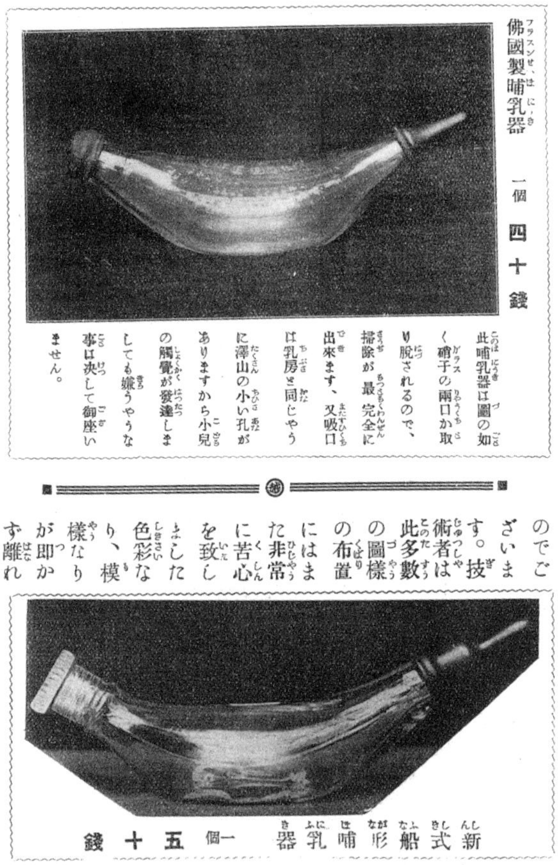

下「新式船形哺乳器　一個五十銭」の広告

同じ頃に発売されていたと思われる
双口型哺乳瓶のパッケージ

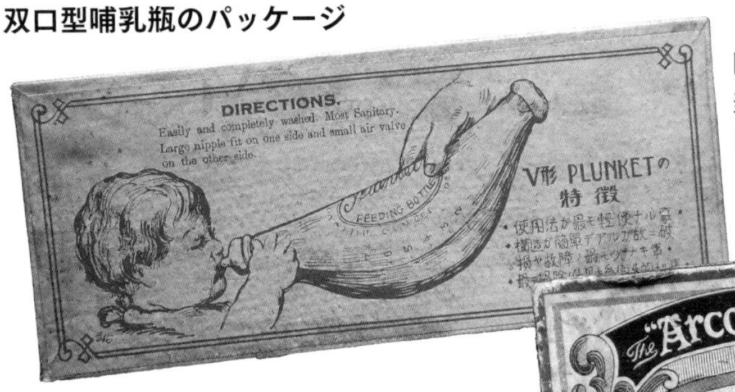

「V形 PLUNKET」
当初は輸入で、その後、
日本国内で製造されたようだ。

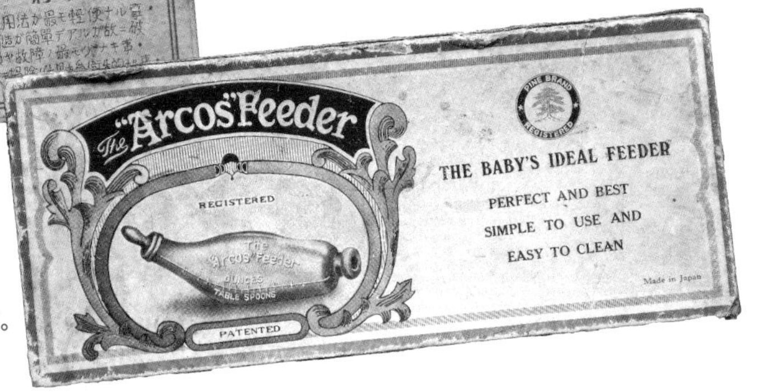

「The"Arcos"Feeder」
日本製アレンベリー型哺乳瓶の外箱。
輸出もされていたと思われる。

双口型哺乳瓶が
普及し始めてからの広告

「両側から呼ばれたんだね！」

■大正５年（1916年）

『実験愛児の育て方と病気の手当』竹内薫平 著

〈授乳器の注意〉

授乳器には種々ある。其中でガラス管を着けたのや、ゴム管の長いのを用ゐたるものは悪い。なるべく護謨管の短いのが宜しい。これは掃除にべんりなからである。掃除の行き届かないために口の内へ病気を起こし、胃病や腸の病気を発すことは少なくない。

第三圖

牛乳壜へゴムの乳首をはめたところ

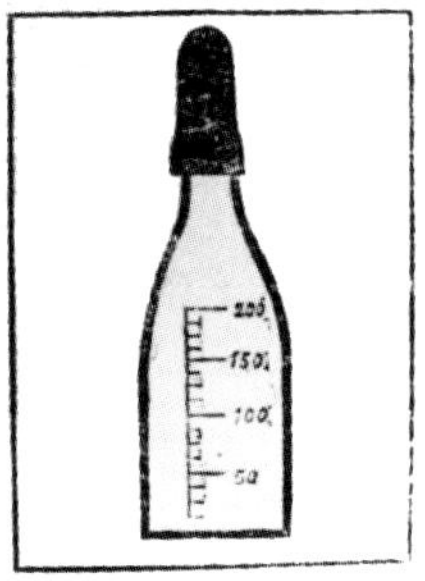

説明では、短いゴム管なら使用してもよいように書かれているが、随所にある挿絵は、すべて乳首直付けの細口縦型哺乳瓶である。ゴム管やガラス管を使わない双口型哺乳瓶の情報がないのは、まだ浸透していなかったのだと考えられる。

ここで参考文献として、当時の文部省が発行した『高等小学理科家事教科書』を開いてみる。「大正４年５月12日文部省検定済み、定価金４銭」と記載されている。今日の家庭科の教科書ということになるが、「哺乳、嬰児《えいじ》の飲食物」の項には、次のように記載されている。

哺乳には母乳を用ふるを最も適當とす。故に母乳の質よろしからざるか、又は其の量の不足なるときの外は、乳母を雇ひ又は牛乳を用ふるなどの事をなすべからず。……〈中略〉牛乳を用ふるときは、嬰児の発育に應じて之を薄め、白砂糖を少し加え、其の温度を加減し、また其の消毒に注意せざるべからず。牛乳を消毒するには、ガラス瓶に入れ牛乳消毒器にて煮るをよしとす。消毒の後は、器より取出したるガラス瓶に護謨の哺み口をつけて其の儘用ふるを可とす。哺乳器は用ひたる後熱湯にて丁寧に洗ふべし。

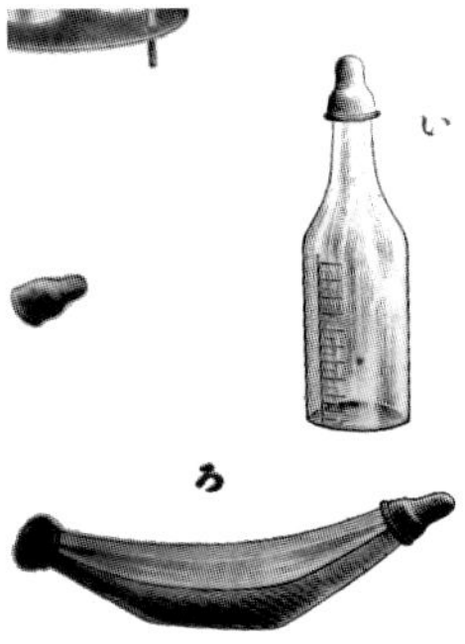

記事に挿入されている哺乳器（ガラス瓶）は細口縦型タイプ（い）と双口横置き型バナナタイプ（ろ）である。

高等小学校の家庭科教科書には、長いゴム管の付いた瓶の挿絵はもちろん掲載されておらず、ゴム管やガラス管は非衛生的であるとの記載すら見あたらないが、同じ頃に出版された一般書には見られることから、日本においても当時はまだ、「殺人ボトル」が完全に駆逐されていなかったと推察される。

なお、大正５年（1916年）に出された『実験子供の育て方』の改訂版に、前出（明治34年『普通育児法』→P.099）の「ソキスレート氏」の牛乳消毒器に関して、わかりやすい説明が載っていたので引用しておこう。

ソキスレート氏消毒器は牛乳の消毒器であるが、一番の長所は牛乳を入れる罎のゴム製の栓にある。ゴム栓をのせた牛乳を入れた罎を円筒形の鑵に入れ、鑵に水を注いでこれを火にかけて煮沸したのち鑵を下ろして牛乳瓶を取り出し、すぐに水の中に入れて冷却する。牛乳瓶は陰圧となるためゴム栓は中央がくぼんで罎の口にすいついて牛乳瓶を密閉することになる仕組みである。

■大正７年（1918年）

『育児の栞』ガリボルジ 著

イギリス・ネッスル及びアングロスイス練乳会社が編纂したフランス語の育児書を翻訳したもので、訳者は栗本東明とある。

この本では、授乳を含めた育児上必要な心得を、絵図を入れてわかりやすく紹介している。人工栄養に用いる哺乳器についての記載は目新しいものではないが、旧来の不完全な哺乳瓶と新しい理想的な哺乳瓶とを対比した図が載っている。

ただ、広口瓶の図が登場したのはいいが、理想的な乳首を紹介するためのものであり、細口瓶を理想的な哺乳瓶としているのが残念だ。

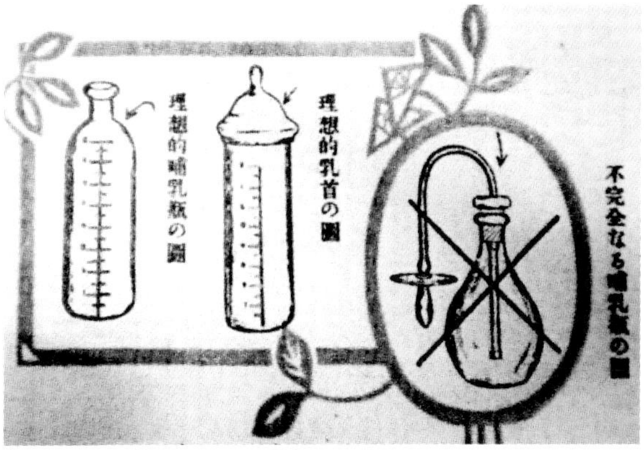

『育児の栞（ガリボルジ著）』の説明図

■大正 12 年（1923 年）

『育児の心得』三田谷啓 著

〈乳罎と乳首について〉

乳罎の多きさは 200 瓦入る位でよい。罎の底や肩は丸味を帯びている方が掃除しやすい。乳首も長すぎないのがよい。

〈乳の消毒について〉

牛乳消毒にはソキスレート消毒器が便利である。煮沸の温度はあまり高くする必要はない。摂氏六十度、高くとも七十度で、一時間以内でよい。牛乳罎は長いゴムの付属して居らぬ方が適当である。一日の分量の乳を適当に水で薄め個々の罎へ入れ、次いで重湯煎に入れ煮沸し、之を冷却した場所で貯へておく。罎の口を閉じる為小さいゴム円板又は漏斗形のゴムがある。……〈中略〉この装置は煮沸の後罎がそのまま飲用器になるのが特徴である。消毒のすんだ罎は壺の中へ入れて摂氏三十五度に温めてこどもに與へるのである。

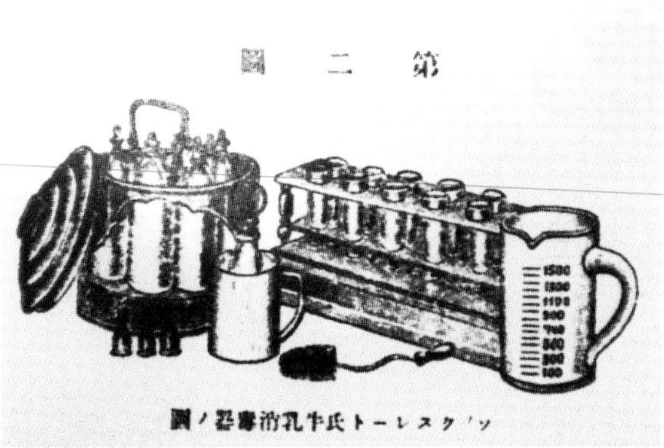

「ソキスレート氏」の消毒器（「ソックスレート氏」と表記）

「ソキスレート氏」の消毒器が図入りでより詳しく説明されているが、いまだゴム管付きの哺乳瓶が使われているようだ。

■大正 12 年（1923 年）

『乳児の育て方』天野誠斎 著

乳首直付け縦型哺乳瓶で授乳している挿絵が掲載されている。

『乳児の育て方』の挿絵

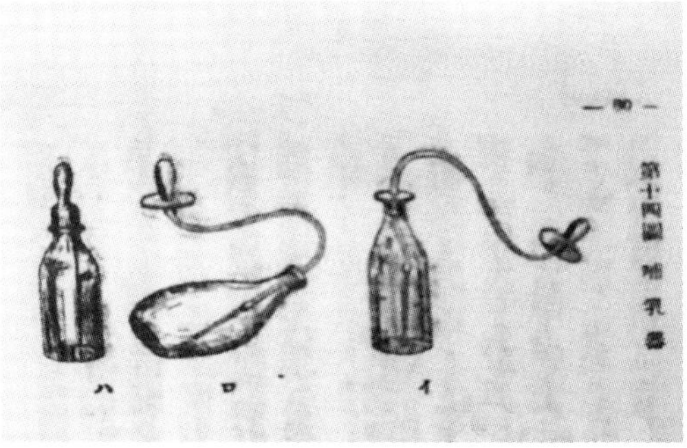

『新育児法と看護の仕方』

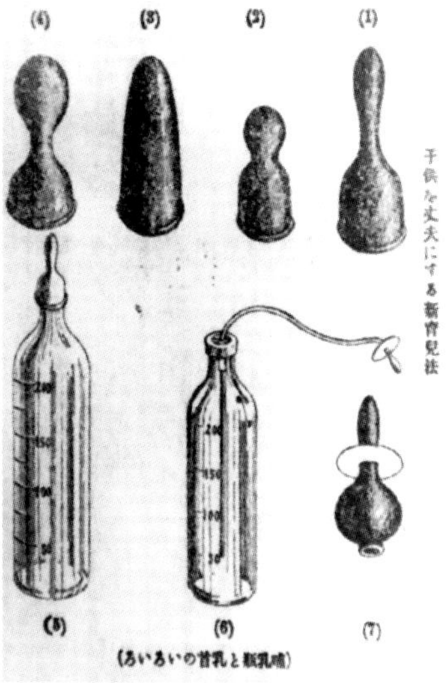

『子供を丈夫にする新育児法』

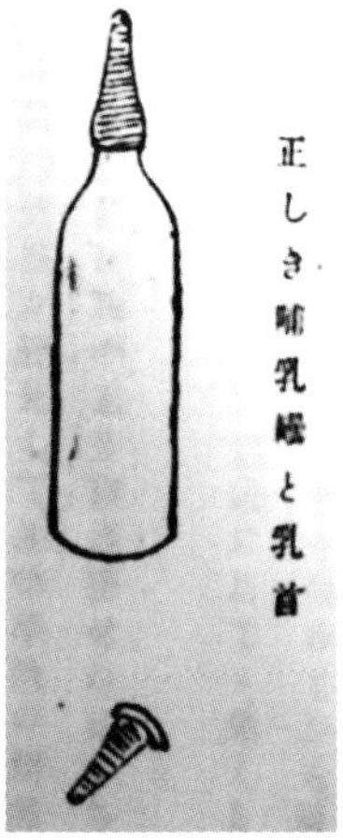

『家庭医学の教へ』

■大正 13 年（1924 年）

『新育児法と看護の仕方』高橋ミチ 著

「哺乳器の清潔と栄養品の消毒」の項で次のように書いている。

……従って乳汁を調合すべき器具又は哺乳器は洗浄し易き者を選ぶことが必要である。例えば哺乳瓶にもいろいろあるが、細い護謨管や細い硝子管を有するものは、その内部を十分洗浄する事が困難であるから、乳首直付け型を選ぶほうがよい。

■大正 15 年（1926 年）

『子供を丈夫にする新育児法』竹野芳次郎 著

〈哺乳瓶と乳首の選び方〉

牛乳の消毒と貯蔵部が完全であっても、哺乳器の清潔法が十分に行き届かないときには、牛乳栄養の効果は上がらないことになります。子の哺乳器を選ぶ標準は、構造の簡単なもの、洗ったり消毒したりするに便利のよいものならばよろしい。それで哺乳瓶は普通 200 グラム入りのもので、度盛をしたものもありますが、正確でないものもありますから、調合はやはりメートルグラス（液量計）によって量った方が確実であります。瓶の外底は平面のものが据わりがよく倒れにくいですが、そのかはり底の内部は丸味をもったもので、瓶の肩の張らないのが洗い易いです。瓶の口の上部は平面でないと、加熱殺菌の場合護謨栓の吸着がわるく、安心して貯蔵しておかれませんから、少しでも凹凸があれば、磨いて平面にしておかねばなりません。

ソックスレット氏の消毒瓶に、護謨の乳首を付け、直ぐ哺乳瓶に流用するときは、すでに牛乳を消毒する際に瓶も共に消毒されてゐるのですから、手数が省けるうへに最も安全であります。

さらに乳首について、瓶の口にじかに被せるタイプを例示して奨励している。

■大正 15 年（1926 年）

『家庭医学の教へ』家庭医学研究会 編

〈哺乳器の清潔法〉

牛乳や練乳の性質に注意を拂い、又消毒等をすると共に哺乳器の清潔に注意が肝要である、小児が鵞口瘡を生ずるも、胃腸病を発するも皆哺乳器の不潔から起るものである。清潔法と云うても別に難しいことはない。ゴムの管と吸口との洗ひ方は面倒なだけであるから、成るべくゴム管のない哺乳瓶を使用するがよい、そして吸口は口の大きい柔かなのを用ひると、用意にひっくり返し、裏を出して洗ふことができるから軽便である。洗ふには硼酸水がよいの曹達水がよいのと云うひとがあるが、そんな面倒なことはせぬとも唯の湯で差支えが無いから成るべく丁寧に洗へばそれで宜しいのだ。

乳首は直付けで口の大きい柔かなゴムを用いるように書かれているが、説明図の哺乳瓶は依然細口タイプのままである。

■大正15年（1926年）

『育児法と牛乳の用ひ方』岡田道一 著

「牛乳の消毒法」、「哺乳瓶と乳首」について書かれているが、新しい記述は見あたらない。

■昭和4年（1929年）

『家事教材研究案　育児篇』家事教授研究会 編

哺乳器に関する記述は、ほぼ従来と同じである。

■昭和7年（1932年）

『安産と育児法』主婦之友社 編纂

〈哺乳器の選び方〉

図のように罎からゴムの管で乳首をつけたようなものは、絶対に禁物です。罎の中は結構洗ふことができても、ゴム管の中をどうすることもできませぬ。従って、ここが恐るべき細菌の培養所になってしまひます。一方、圖をご覧になるとわかるように、瓶の底から肩の方までくまなく洗えるもの、ゴム管などを使はぬものが一番よいのです。そして一度一度湯を通すくらゐの注意も必要です。……〈中略〉乳首にへそを付けたものが最近發賣されてゐます。ここから空気が入るやうになってゐますので、楽に飲めますから喜ばれてゐます。

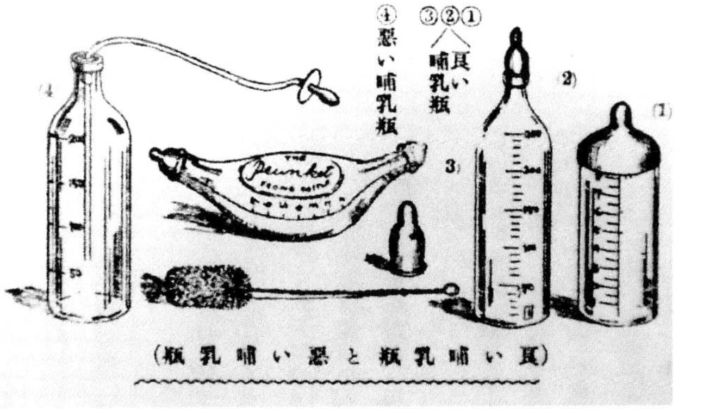

『安産と育児法』

ゴム管付きの哺乳瓶を「絶対に禁物」とはっきり否定し、「良い哺乳瓶」の挿絵として、ようやく広口の縦置き型と双口型の哺乳瓶が登場した。しかし、細口タイプの哺乳瓶も、相変わらず「良い哺乳瓶」として掲載している。

■昭和15年（1940年）

『愛育のこころ』恩賜財団愛育会 編　三省堂

〈哺乳ビン及び乳首〉

哺乳ビンとは乳児に乳を與へる為に作られたビンであって、それには大抵二百瓦迄の目盛がついてゐる。あまりいろいろくどくどとビンに書きこまれたのや、目盛りの不正確のものや、角ばったものはよくない。内側が圓く角がなく洗ひよいのがよいのである。二百瓦は一合一勺に相当する。一合は大體百八〇瓦となる。

さすがにこの頃になると、ゴム管についての記載がない。ゴム管を用いない乳首直付け式の哺乳瓶がかなり一般的になったためだと考えられる。しかしながら添えられた図には、まだガラス管・ゴム管と連結した乳首の絵が載せられている。

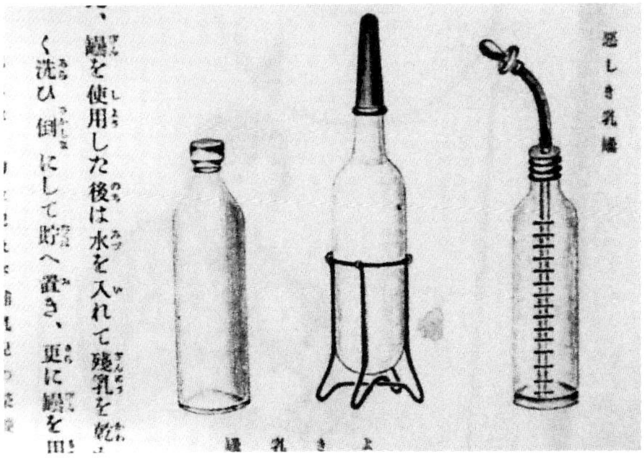

『愛育のこころ』

■昭和16年（1941年）

『家事育児論』家事教授研究会 編　文光社

〈哺乳器〉

哺乳器は容易に清潔になし得ると云ふことが重要な條件である。此の點から罎底の内側が圓味を帯びたものがよい。罎底の上がっているものは、内側の周囲に牛乳が付着してゐて洗ひ流すことができない。古い牛乳の塊が腐敗し、次に新しい牛乳を入れた際に之を腐敗に導く。横に長い座りのよい罎も同様の理由でよくない。然し、両方に口のある横長いものは用ひてもよいが、これは牛乳を入れてそのまま消毒することが出来ない。罎の中へ硝子管を入れ。其の硝子管の外部の一端からゴム管が長く出て、其の先端に乳首のついてゐるものは、硝子管・ゴム管の内部の洗浄が充分に行き届かないからよくない。乳首の穴は一個でよい。（一回の）哺乳量は牛乳二百瓦を約十分間で飲むくらいが適當である。

これが探し得た限りでは、哺乳瓶についての戦前最後の文献と思われるが、悪い例として長いゴム管・ガラス管が引き合いに出されており、ゴム管やガラス管が市場から完全には駆逐されていなかったことを反映している。

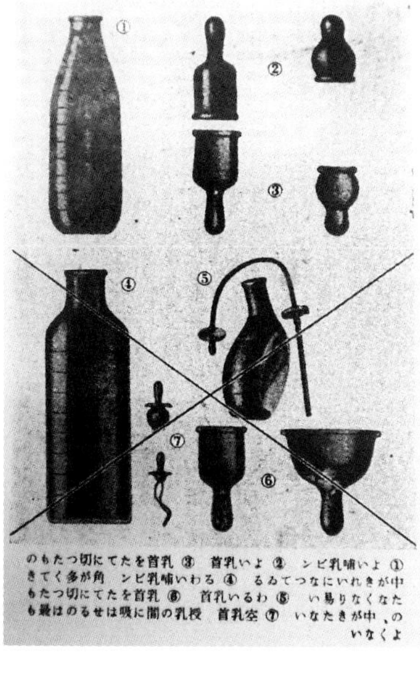

明治期から戦前までのまとめ

以上、みてきたように、明治の初頭に入ってきたガラス製哺乳瓶は、その細長いゴム管やガラス管が非衛生的で乳児死亡率が減少しない原因となっていたにもかかわらず、昭和の時代になっても、そのまま使い続けられていた。

最初の進展としては、明治24年（1891年）発行の『育児談』（→ P.085）に初めて短いゴム管を推奨した文がみられ、以後ゴム管はできるだけ短くすべきとの視点は確立固定化されたが、文献には相変わらず長いゴム管の図が添えられていた。また、短いゴム管を推奨する当時の理由として、洗浄しやすいというより、哺乳中に母親が哺乳瓶を注意して保持していなければならないことへのメリットをむしろ強調しているように読み取れる。

このような時代背景の中で、育児を専門とする学者たちが、「牛乳の消毒ばかり考えても、そもそも哺乳器が清潔でなければ乳児栄養の効果を云々する意味もない」ことに改めて気付き、明治40年代以降の論文では、「煮沸消毒した牛乳瓶に直接乳帽（乳首）を被せ、そのまま授乳器（哺乳瓶）として使うのが最もよい方法である」との記述が増えてきた。『みつこしタイムス』の「阿母さんの一大事」（→ P.101）は、こうした流れの中で発表され、いわゆる学者の論文よりも現実味を帯びて、ストレートに国民に届いたことと思われる。

そして大正時代に入ると、乳首直付け式の縦型哺乳瓶が挿絵として描かれるようになり、大正7年（1918年）の『育児の栞（ガリボルジ著）』（→ P.104）では、初めて縦置き型広口哺乳瓶が登場した。ただし、理想的な乳首の例を示すためのものであり、細口の瓶を理想の哺乳瓶として紹介している。その後の文献でも、挿絵は概ね細口の縦置き型哺乳瓶に変わり、戦争の時代に突入していった。

**大正から昭和にかけて
ようやく日本にも、
広口で乳首直付けの洗いやすい
哺乳器が登場した。**

APPENDIX

大正から昭和にかけての パッケージ

「ラクト哺乳器」
（ONOKAME RUBBER WORKS）

「ラスト哺乳器」
（MATSUMOTO WORKS）

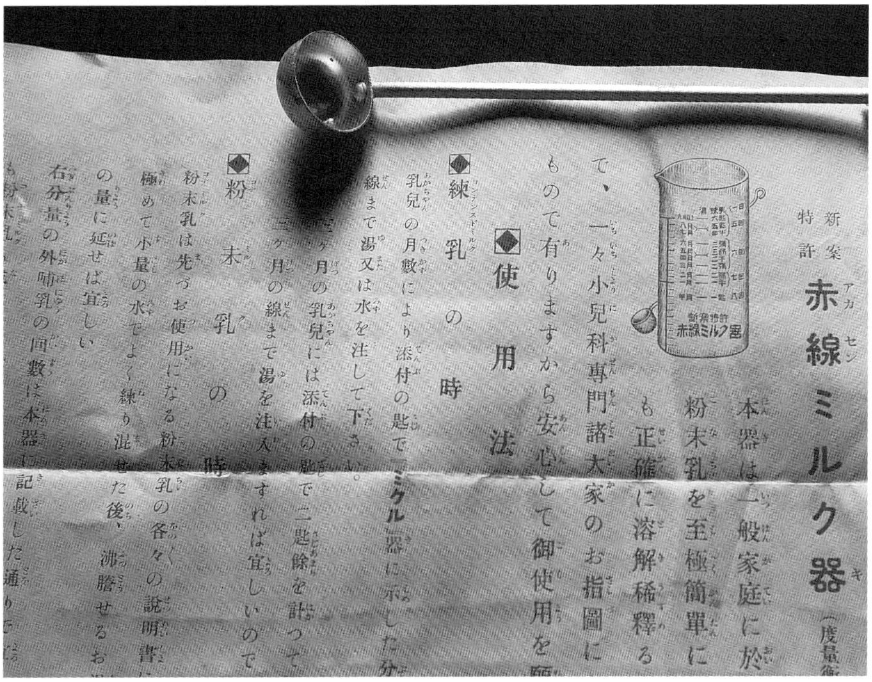

調乳用として販売されていた「赤線ミルク器」の外箱と取扱説明書。
「練乳」に「コンデンスドミルク」、「粉末乳」には「コナミルク」と読み仮名が振られてある。

哺乳瓶がなかった江戸時代

明治期以前の人工栄養や栄養器（哺乳器）に関する記述は少ないが、いくつか文献を探し当てたので紹介しておこう。

■天保 6 年（1835 年）

『嚼粉方』白井種喬 著

神代の時代に乳の得られない子に「飯嚼《いいかみ》」という代替乳を飲ませたとされるが、「嚼粉《かみこ》」とはこれと似た代替乳で、著者が自分の子に試して有効であったと記している。また哺乳の道具として「乳筒《ちづつ》（竹筒で造った哺乳器）」についても記載。

■天保 10 年（1839 年）

『としたま』佐藤民之助 著

「乳そろふ伝」の項に、代替乳としての「米乳」の作り方を示し、さらに「乳筒」の造り方を説明している。

米をとぎ、一夜浸し、口にてこまかにかきくだきては出し土鍋に入れ、火にかけ、かきまはし煮るうち、ねばり出るを、またよく煮れば、薄くなりて、實の乳のやうになり、それを木綿の袋へ入れ、こして糟をさり、あたためて二つ三つの子には盃にてのませ、當歳（かぞえどし 1 歳）の子には、乳筒にてのますべし。

乳筒こしらへようは、圖の如く、綿を大豆位に丸め、もみのきれにつつみ、乳ぶさとし、きぬを二寸四方に切り、其乳ぶさを入れ、長さ四寸位のほそき竹のくだの先を包み、少し引き出し、首をこしらへおきて、しかとまき、又その上を、幅一寸長さ五寸の木綿を三つにたたみ、もとの方を、だんだんふとくまき、とまりをいとにてしかととめおき、乳しるを口にふくみ、くだのもとをくわへて、ほどよくのますべし。

親が口に含んだ乳汁を竹筒の根本から、布切れで造った乳房に吹き出し、乳汁のしみこんだ乳房をしゃぶるという仕組みで、今では衛生面からも頷《うなず》けない授乳法であるが、前段の米乳の作り方でも、「口にてこまかにかきくだきては出し土鍋に入れ」云々とあり、親が口移しに飲食物を与えることについて、当時は抵抗なく日常普通に行なわれていたのであろう。

私が子どもの頃に転んで額《ひたい》に擦《す》り傷をこしらえたとき、近所のおばさんが自分のつばをぬってくれたのだったが、子どもながらに困ったなと感じたことを覚えている。

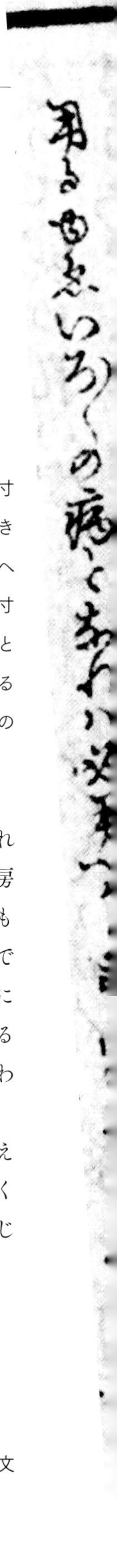

『嚼粉方』の説明文

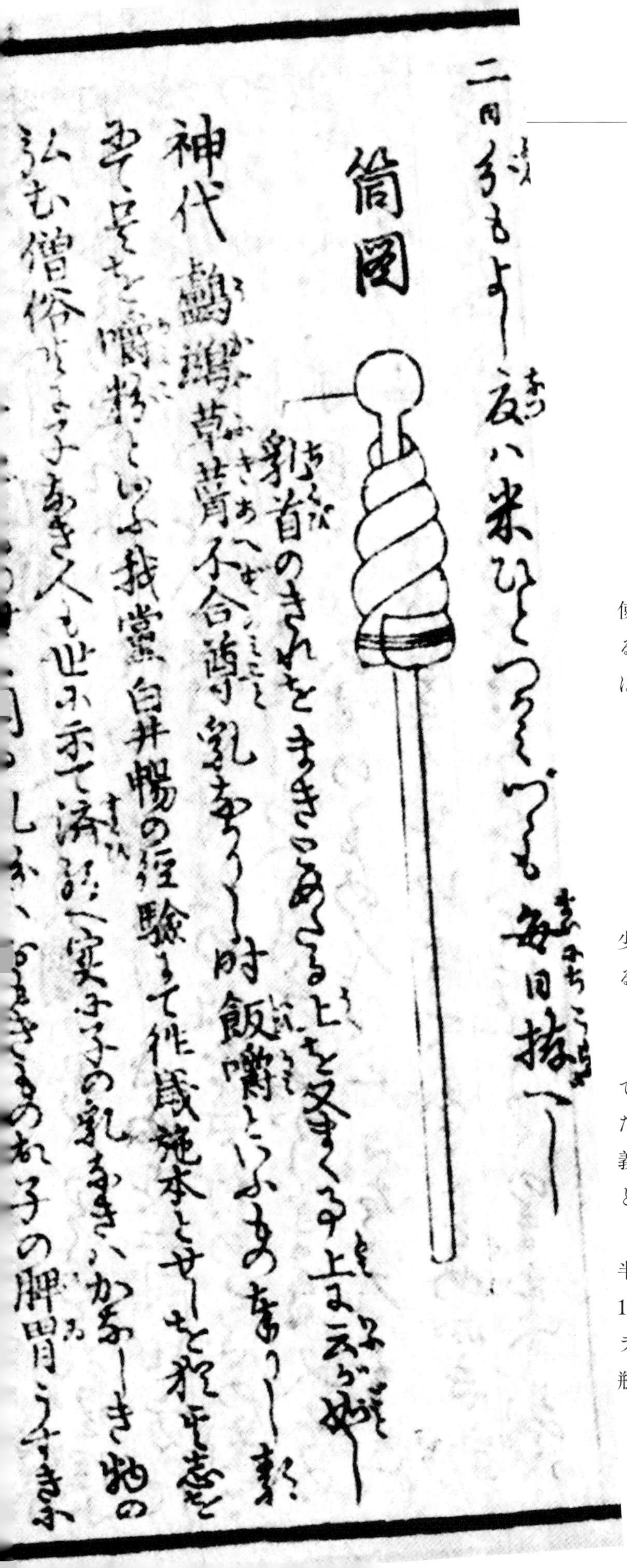

■嘉永 6 年（1853 年）

『愛育茶談』桑田立斎 著

さらに江戸期の人工栄養としては、動物の乳が使われていたという記録も文献的には散見される。たとえばこの『愛育茶談』の「代乳の項」には、次のように書かれている。

> ……人乳とその形象の近き者は牛乳なり、然れども人乳に比すれば重しとす、故に初め半分水を混和し與ふ。

さらに、大麦を煮出した汁に氷砂糖を少量入れ、少しずつ湯煎にして、竹筒で造った乳筒で飲ませるとも書かれてある。

以上のように、代替乳としての人工栄養については、「飯嚼」、「嚼粉」、「米乳」、「牛乳」といった記述があるが、それを飲ませるための器具（広義の哺乳器）については、「竹筒で造った乳筒」との表現以外、みあたらなかった。

日本では、このような状況が幕末（19 世紀の半ば過ぎ）まで続いていた。世界に目をやれば、1841 年にアメリカでウィンドシップが初めてガラス製哺乳瓶の特許を取り、欧米でガラス製哺乳瓶が流行した時期に相当する。

ピジョン調乳ミキサー

哺乳瓶の話━4

戦後から現代に至る改良の歴史

前出の昭和38年（1963年）刊行『赤ちゃんの哺乳ビン百科』によると、日本の哺乳瓶の歴史は、主として第二次世界大戦後の哺乳瓶の改良史であり、構造上は「ネジ付きキャップシステム型哺乳瓶の改良の歴史である」と書かれている。

戦前の我が国のほとんどの哺乳瓶の乳首は、瓶の中の細いガラス管に連結した長いゴム管の先に付けて吸うタイプであったが、洗浄しにくく非衛生的であるため、次第に哺乳瓶に直に被せるタイプに変わってきた。

欧米では、1894年（明治27年）にイギリスで双口型哺乳瓶が、アメリカで広口の縦置き型哺乳瓶が、いずれも直付け乳首で登場したのち、1924年（大正13年）に耐熱性のパイレックスが発明されたことで、直立縦置き型の哺乳瓶が主流となった。ただし、アメリカではすでに広口で造られていたが、イギリスでは当初のモデルは大方首が細く、バナナ型の双口型哺乳瓶と比べて洗浄しにくかった。

イギリスで広口タイプの直立縦置き型哺乳瓶が登場したのは1950年代（昭和20年代中頃から）である。日本でも乳首直付けの縦置き型哺乳瓶が出始めた最初は細首であったが、広口タイプが挿絵に描かれるようになったのはイギリスよりも早かったということだ。

直付け乳首は最初、ゴム製の一体型で瓶口に被せるキャップタイプであったが、細首型から広口型へと改良が進んだことで、より外れにくい現代のようなネジ蓋固定式が開発された。日本では、『赤ちゃんの哺乳ビン百科』の著者である楊文魁氏が、我が子のために、自家用としてネジ式補助具キャップを造らせたのが最初とのことである。

そして昭和24年（1949年）、ピジョン株式会社がネジ蓋式縦型広口哺乳器を国産品として初めて発売した。その後の哺乳瓶の歴史は、ピジョン株式会社の発展の歴史と重なっているといえよう。

以下、ピジョン株式会社編集の哺乳器の歴史から概略を転記させていただくと、

昭和27年（1952年）キャップ式縦置き型細口瓶

昭和29年（1954年）日本初のポリエチレン製哺乳器

昭和31年（1956年）日本初のイラスト入りガラス製哺乳器

昭和37年（1962年）ポリカーボネート性哺乳瓶……

と、歩を休めることなく現在も改良が続けられ、今や日本は、欧米を凌ぐ先進国となり、哺乳器の輸出国となっている。

日本の哺乳瓶 プラクティカル編

無色透明なフラスコ型の瓶からスタートした日本の哺乳瓶は、さまざまな絵柄模様やマークをガラス瓶に浮き出し加工したアーティスティックな時代を経て、より実用性を追求する方向で改良が加えられてきた。そうして進化した哺乳瓶の表面には、製造元のロゴやトレードマークとあわせて、調乳用の目盛が細かく刻まれたり印刷されたりするようになった。

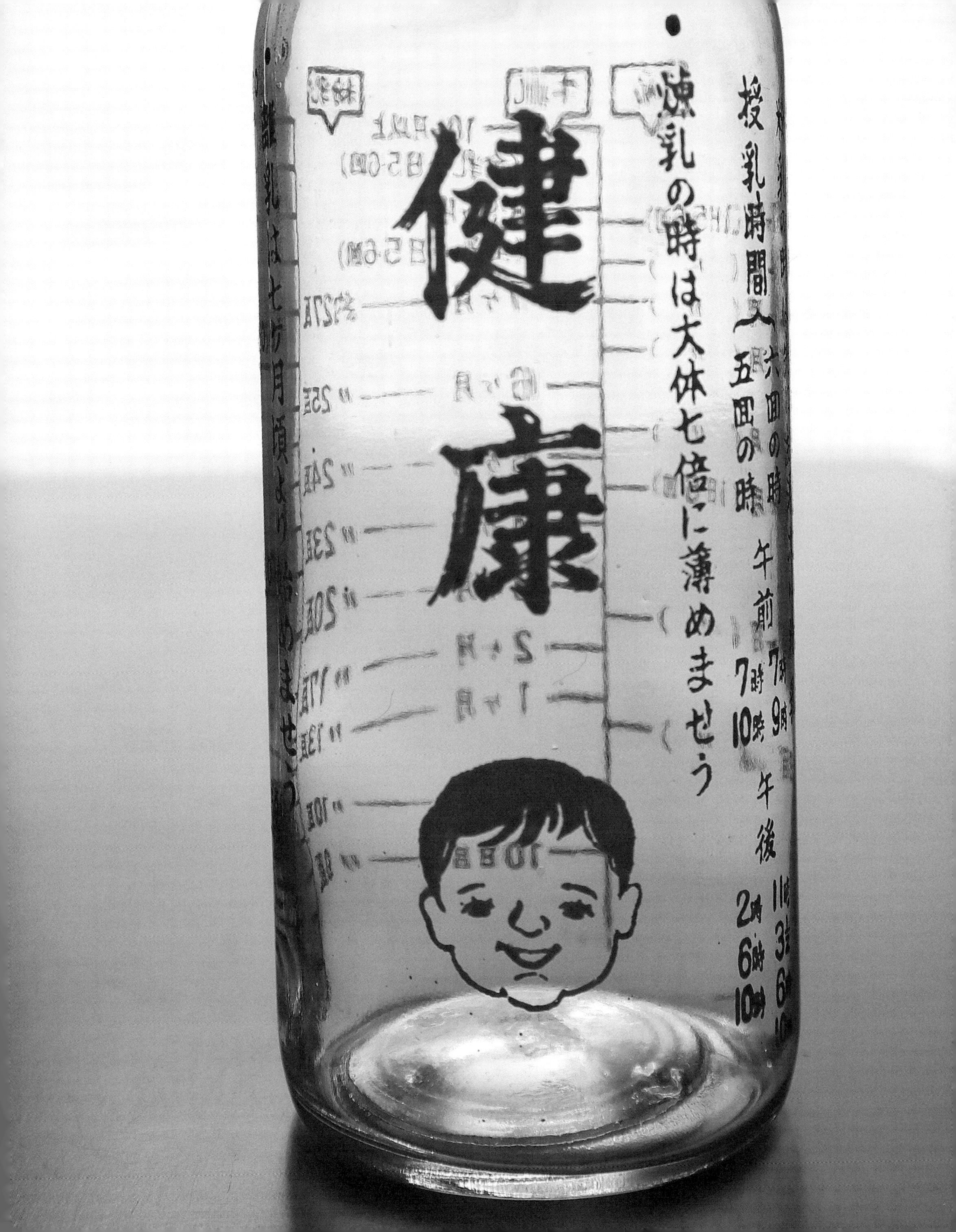
授乳時間
五回の時
午前
7時
10時
午後
2時
6時
10時
煉乳の時は大体七倍に薄めませう
健康

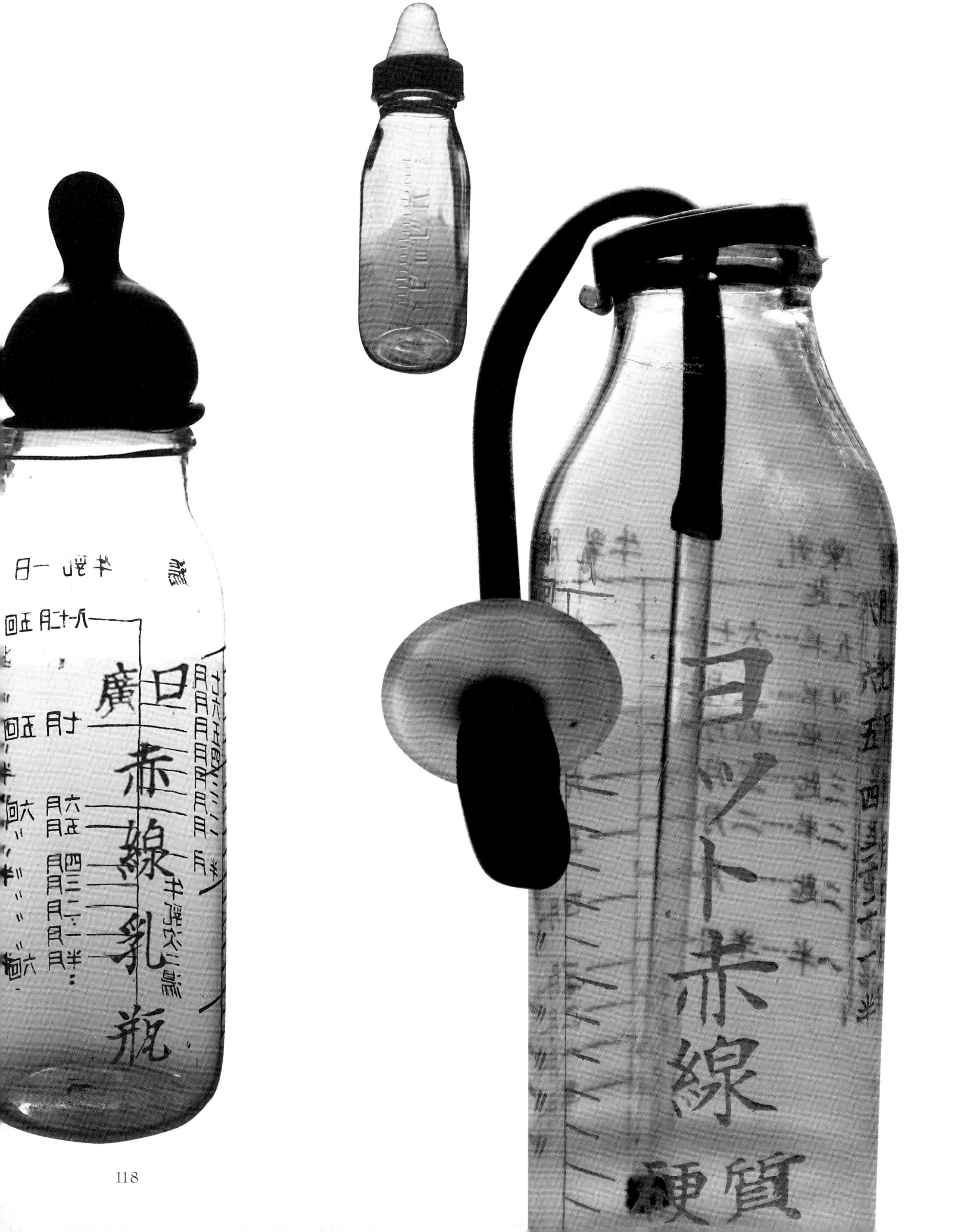
日赤線乳瓶
廣
ヨット赤線
硬質

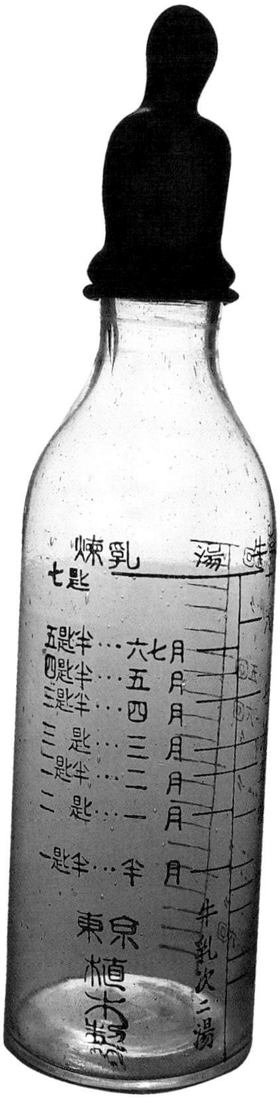

煉乳
湯
東京

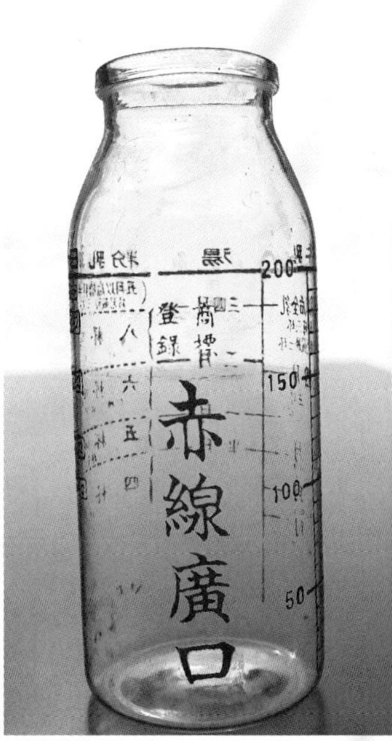

登録
赤線廣口
200
150
100
50

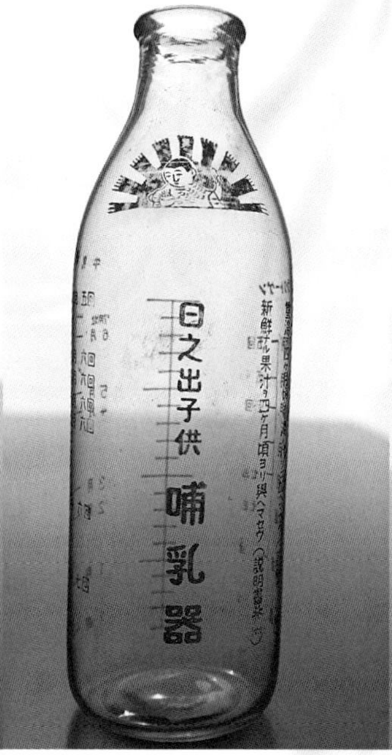

日之出子供
哺乳器

あさひ
硬質
200
150
100
50

硬質
ヨット赤線
消毒兼用

軍犬

金

M
梅印

仁王印
硬質

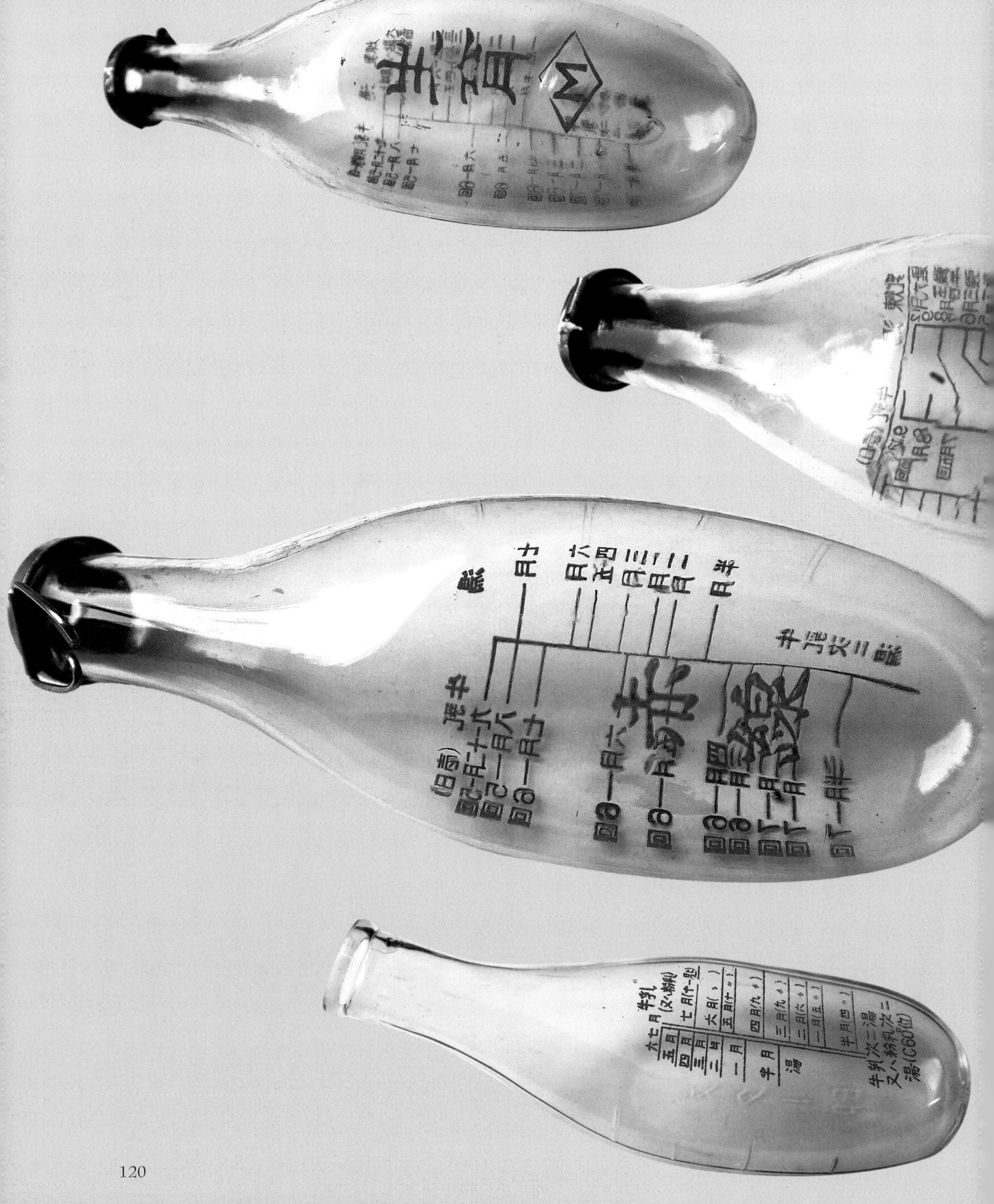

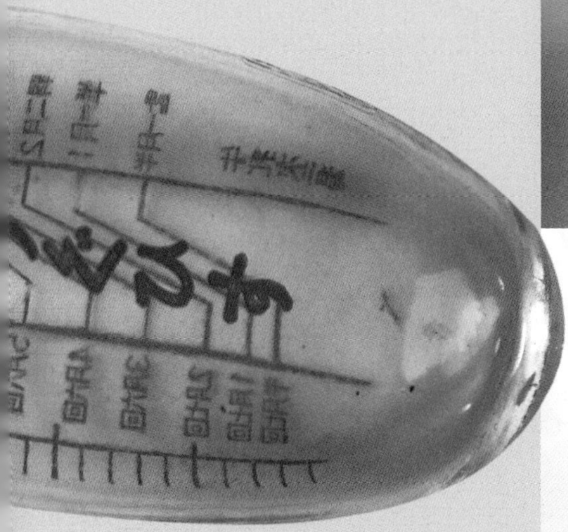

金星

ホープ

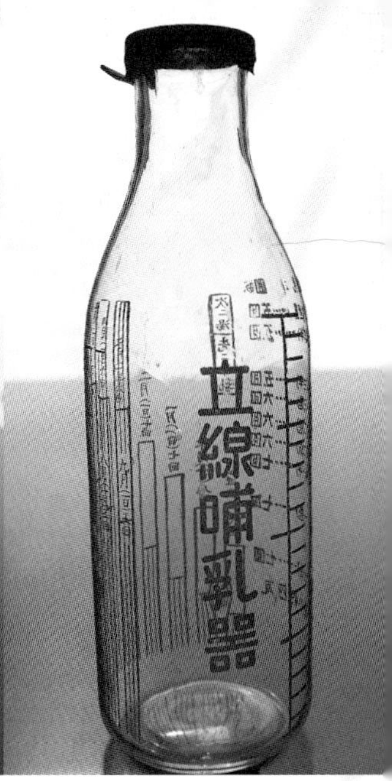
哺乳器

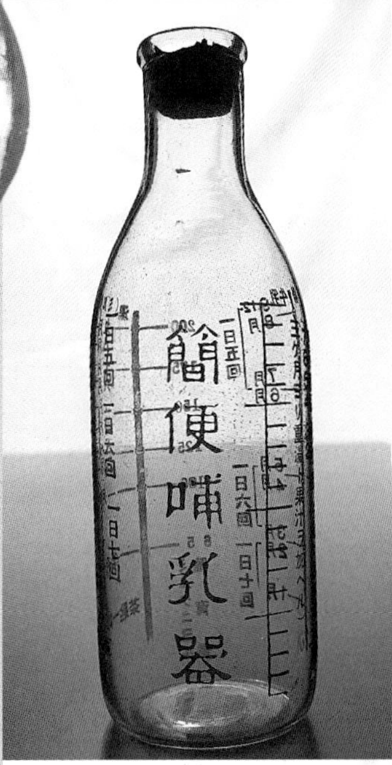
簡便哺乳器

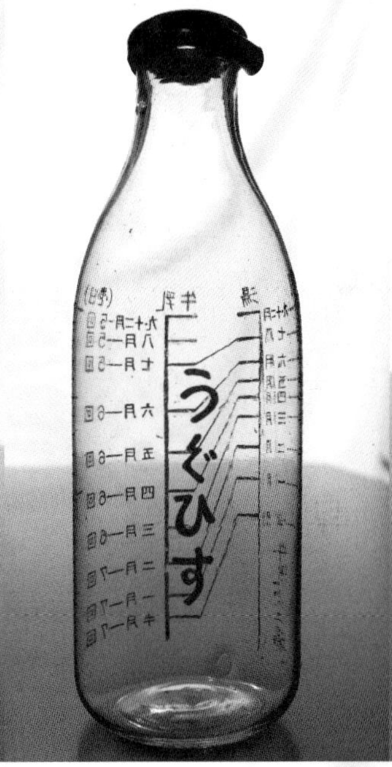
うぐひす

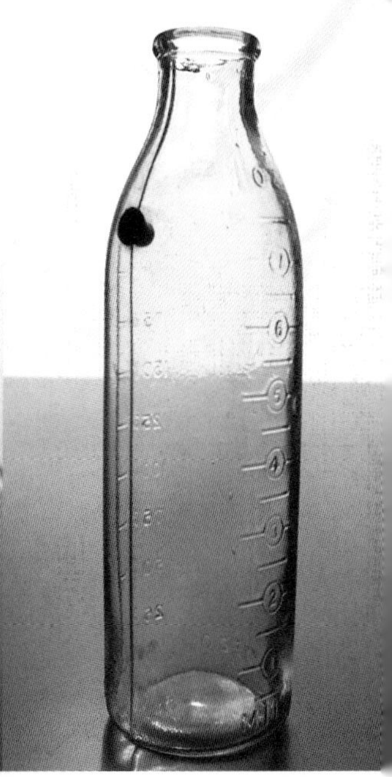

特製
昭和印

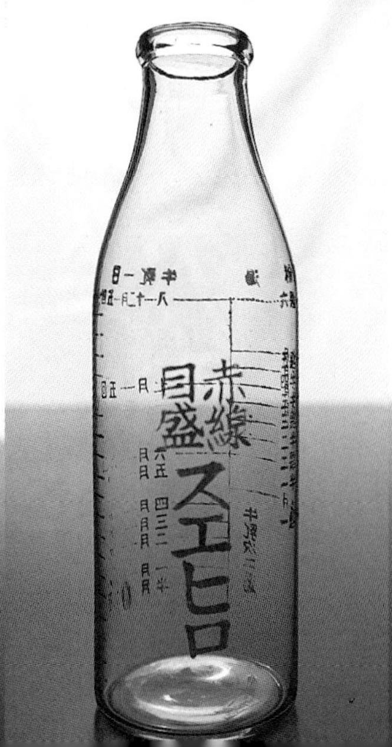
赤線目盛
スエヒロ

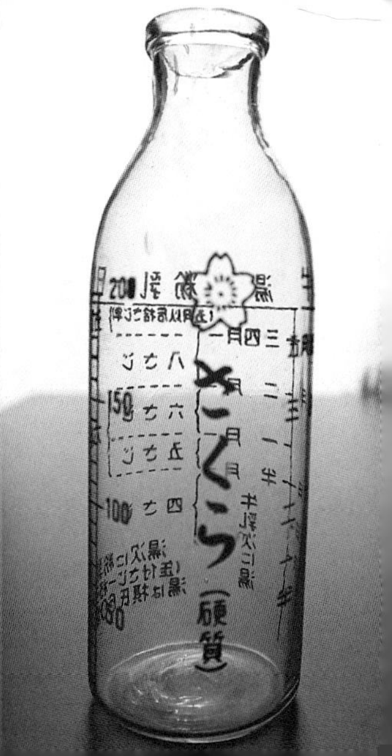
さくら
(硬質)

生育
硬質
S.E.D.

牛乳 粉ミルク

ワシ印

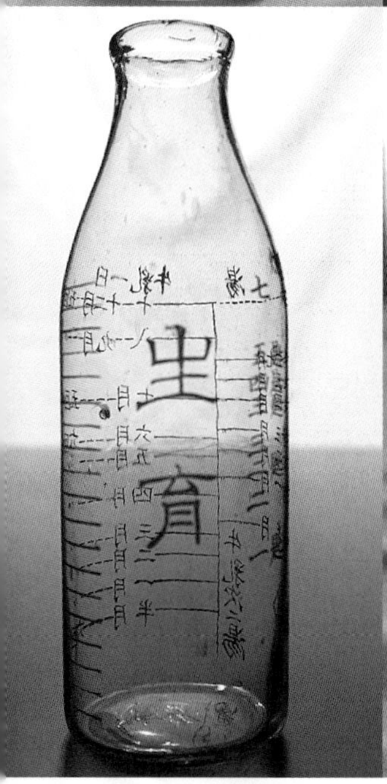

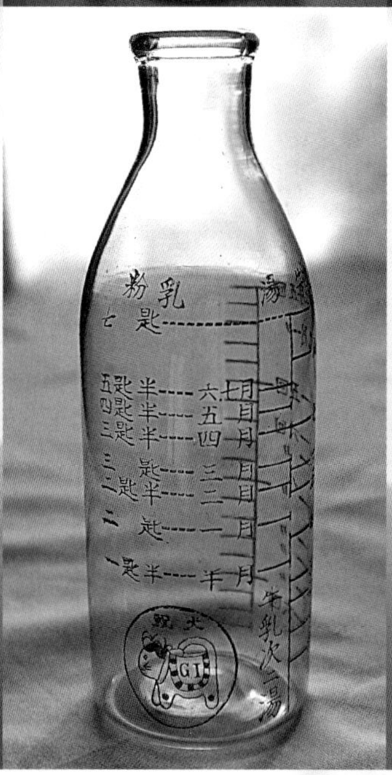

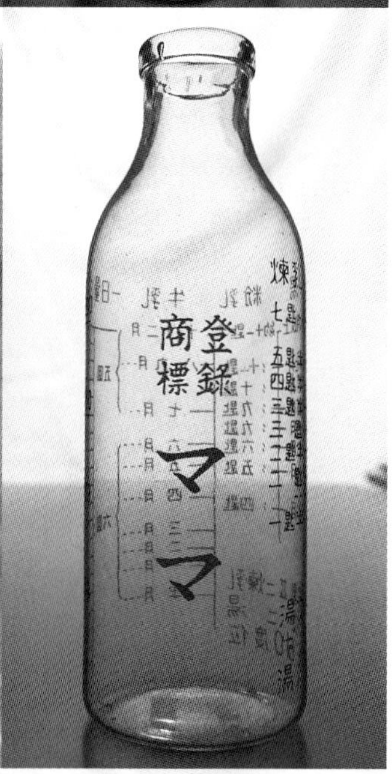
登録商標
ママ

愛児

スター印
(硬質)

ナイト
(硬質)

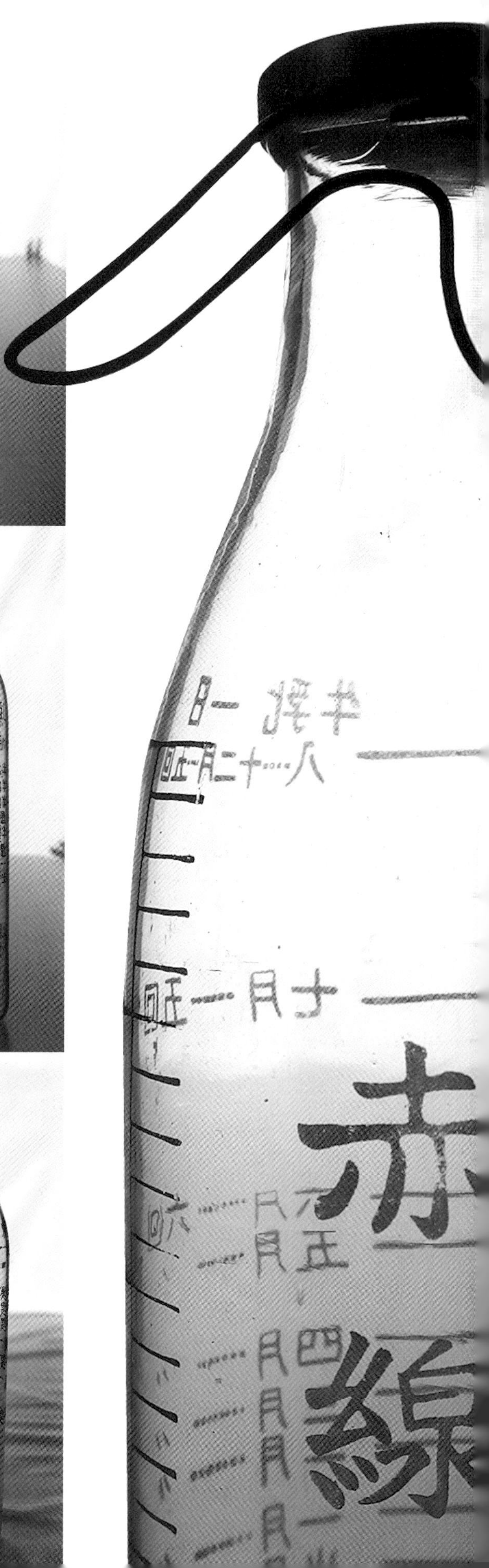
赤線

IGEON NURSER
ATURAL AIR VALVES
200
BABY
150
ベビー哺乳器
100
50

哺乳瓶の種類

横置き型・縦置き型の区別は曖昧《あいまい》なところがある。
本書では平坦な場所に置いたときの安定性で判断した。

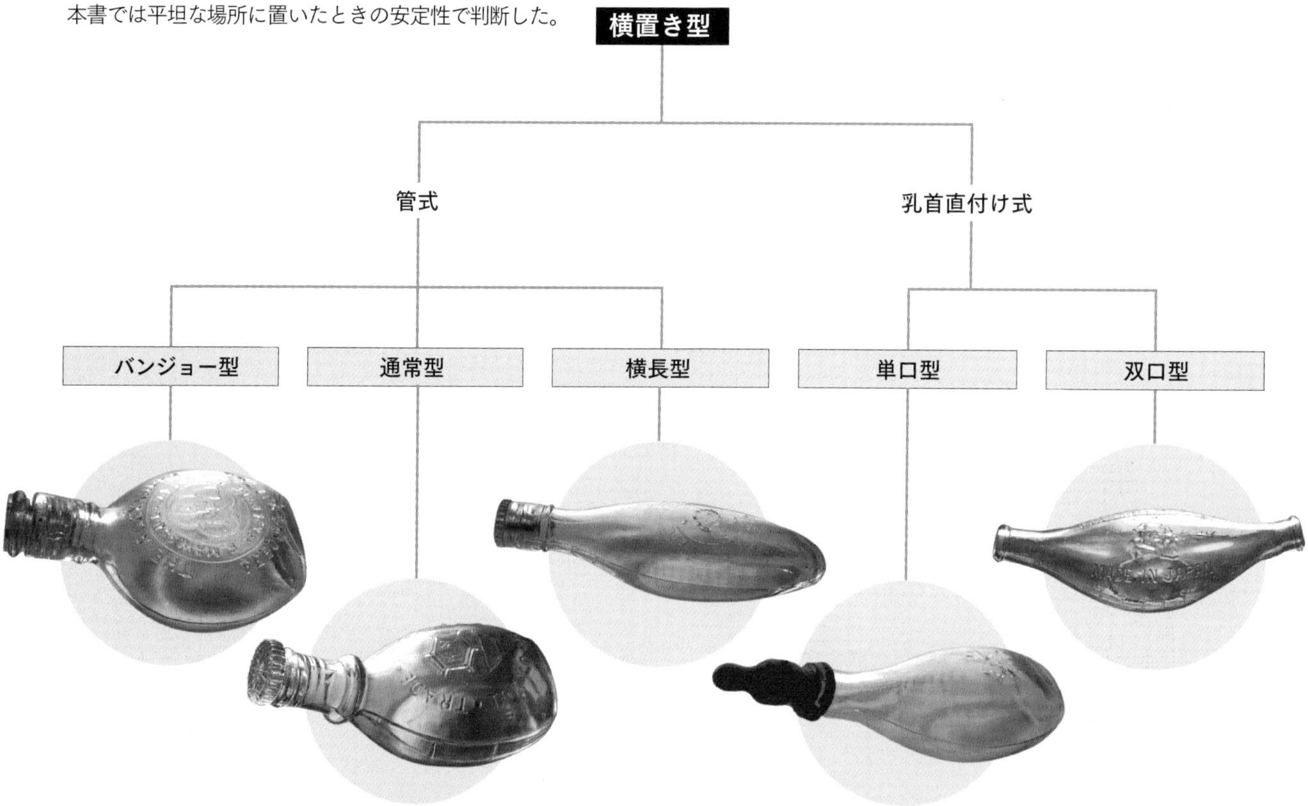

管式は栓の材質もいろいろ……。

木製　錫製　ガラス製
コルク製　アルミ製

これは、ままごと用の哺乳瓶。戦前戦後のものでしょうか。

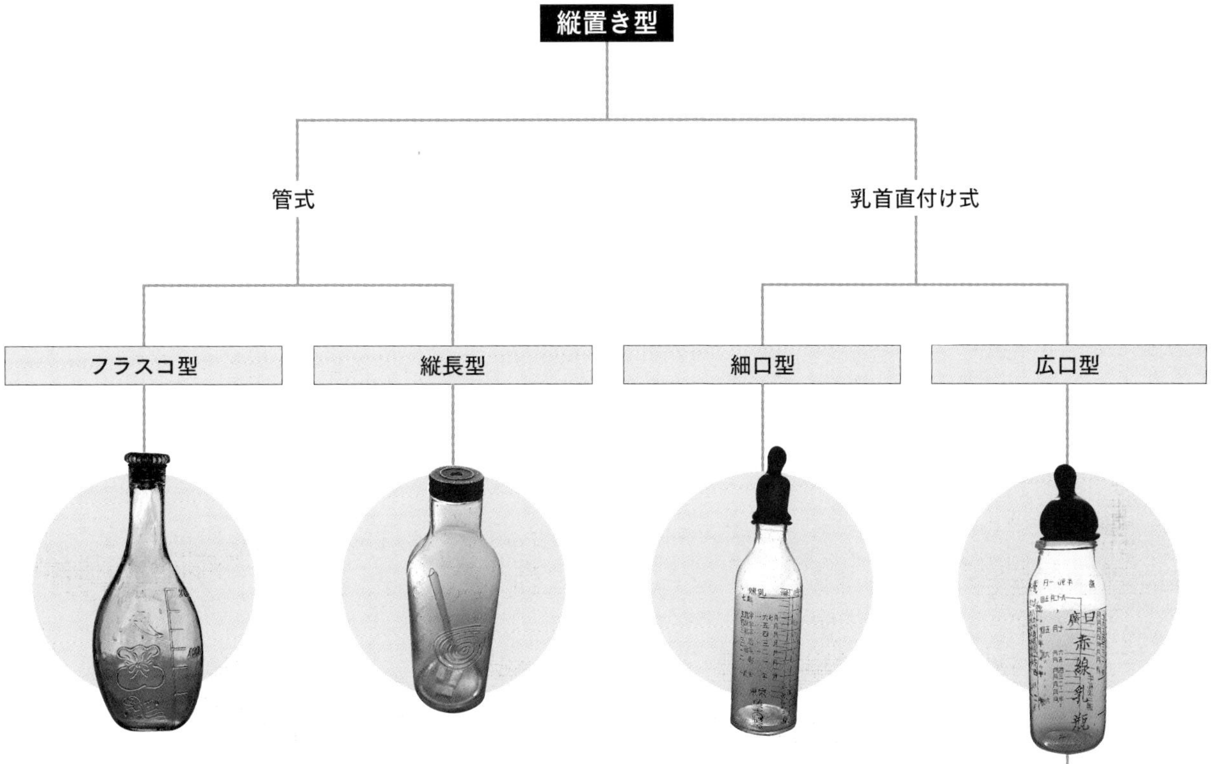

<ボトルの材質>
ガラス製――――硼珪酸《ほうけいさん》
プラスチック製――ポリエチレン
――ポリプロピレン
――ポリカーボネート

参考：日本工業規格（JIS）

お母さんのための搾乳器も昔からありました。

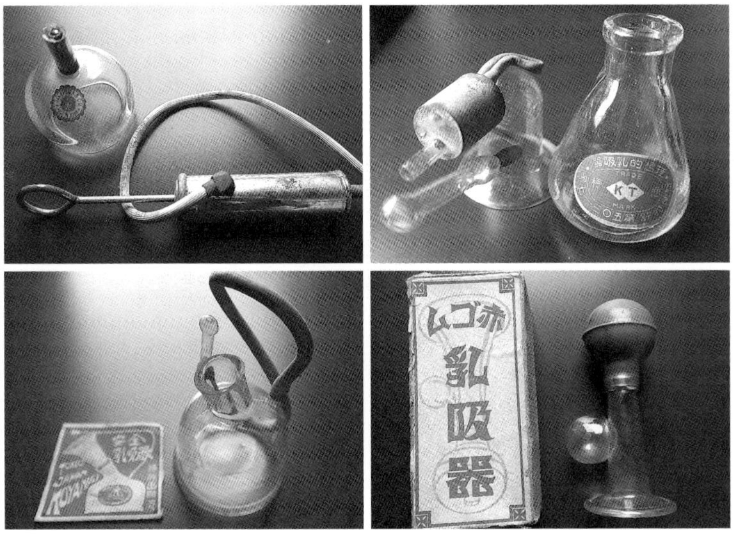

哺乳器の日本における呼称の変遷

■ **江戸時代は竹製の「乳筒(ちづつ)」**

文献:『嚼粉方』天保6(1835)年、『としたま』天保10(1839)年、『愛育茶談』嘉永6(1853)年

■ **ガラス製の瓶が使われ始めた明治時代には、多様な表現が混在**

「器械」 文献:『子供そたて草』明治7(1874)年、『哺乳兒養育問答』明治21(1888)年、『育児衛生顧問』明治36(1903)年

「乳壜(ちちとくり)」 文献:『子供そたて草』明治7(1873)年

「乳壜(にゅうびん)」 文献:『婦嬰鑑』明治22(1889)年

「硝子壜(びいどろどくり)」 文献:『子供そたて草』明治7(1873)年

「吸乳瓶(ちちすひびん)」 文献:『育児の種』明治16(1883)年

「吸乳壜(ちちすひどくり)」 文献:『育児の種』明治16(1883)年

「吸瓶(すいびん)」 文献:『母親之義務並育児法』明治12(1879)年

「引瓶(ひきびん)」 文献:『母親之義務並育児法』明治12(1879)年

「吸飲器」 文献:『哺乳兒養育問答』明治21(1888)年

「授乳壜(じゅにゅうびん、ちちのみどくり)」 文献:『育児談』明治24(1891)年

■ **同じ「吸乳器」でも、読ませ方や説明はいろいろ**

「吸乳器(ちのみどうぐ)」 文献:『小児扱方緊章』明治6(1873)年

「吸乳器(きふにうき、ちちをすふもの)」 文献:『母親の心得』明治8(1875)年

「吸乳器(きうにうき、乳を飲むうつわ)」 『子供そだて草』明治25(1892)年

「吸乳器(ちちのみ)」 文献:『衛兒法』明治9(1876)年

「吸乳器(ちちいれ)」 文献:『子育ての草紙』明治10(1877)年、『子供そだて草』明治25(1892)年

■ **「哺乳器」や「哺乳瓶」という表現も、明治の早い時期から登場していた**

「哺乳器(フィーディングボットル、うばいらず)」 文献:『育児小言』明治9(1876)年

「哺乳瓶(ほにゅうびん)・哺乳器(ほにゅうき)」 文献:『人工育児法』明治18(1885)年

「哺乳瓶(ちちのみ)」 文献:『兒育草』明治24(1891)年

「哺乳器(ちちのみ)」 文献:『小児養育の心得』明治36(1903)年

■ **「ほにゅうき」「ほにゅうびん」と読むのが定着してきたのは、明治20年代の半ば過ぎから**

文献:『小児養育法』明治26(1893)年、『育児必携 乳の友』明治27(1894)年、『育児必携』明治29(1896)年、『育児の栞』明治31(1898)年、『子の育て方』明治34(1901)年、『普通育児法』明治34(1901)年、『育児衛生顧問』『家庭衛生小児養育法』明治36(1903)年、『家庭衛生のしるべ』明治40(1907)年、『育児学』明治41(1908)年、『小児ノ栄養発育及衛生』明治42(1909)年、『みつこしタイムス』明治43(1910)年

その後、大正時代になって書かれた文献にも、「授乳器」「授乳罐」「乳罐(ちちびん)」などの表現が若干みられるが、昭和に入ると「哺乳器(ほにゅうき)」「哺乳瓶(ほにゅうびん)」以外の呼称は、私が収集した資料においては、ほぼみられなくなった。

参考文献（世界の哺乳瓶の歴史）

Ian G. Wickes, “A History of Infant Feeding. Part I. Primitive Peoples: Ancient Works: Renaissance Writers,” in *Archives of Diseas in Childhood*, April 1, 1953.

Ian G. Wickes, “A History of Infant Feeding. Part IV. Nineteenth century continued,” in *Archives of Diseas in Childhood*, October 1, 1953.

A. Abou Aly, “A study in ancient medicine and Greek papyri,” in *The wet nurse*, Vesalius, II, 2, 86 - 97, 1996.

Will Adams, “Baby Bottles: A Milky History,” in *RelicRecord.com*, October 15, 2016.

Emily E. Stevens, Thelma E. Patrick, and Rita Pickler, “A History of Infant Feeding,” in *The Journal of Perinatal Education* 18(2), April, 2009, pp. 32-39.

Aristoe, “Murder Bottles: Baby feeding bottles that could kill,” in *A Short History of the Baby Feeding Bottle*, BabyBottle-Museum.co.uk, September, 2016.

Aristoe, “Ancient Stoneage Baby Feeders: Stoneage Baby Bottles,” in *A Short History of the Baby Feeding Bottle*, BabyBottle-Museum.co.uk, September, 2016.

Aristoe, “Banana Bottles,” in *A Short History of the Baby Feeding Bottle*, BabyBottle-Museum.co.uk, September, 2016.

Bill Lockhart, Bill Lindsey, Carol Serr, and Beau Schriever, “Hygeia Glass Corp. and the Hygeia Nursing Bottles,” in Bill Lindsey, *BLM/SHA: Historic Glass Bottle Identification & Information Website*, May 2, 2016.

吉岡公美子「世紀転換期米国の乳児哺育をめぐるアクター・ネットワーク―ドクター・デッカーのヒュギエイア哺乳瓶を手がかりに―」『竹治進教授退職記念論集』立命館大学法学会編、2013年3月、265-287頁

おわりに

昔の哺乳瓶を骨董《こっとう》市で偶然見つけ、興味を抱いた私は、その後もコレクションし続けていくうちに、写真集として残したいという思いが沸々《ふつふつ》と沸いてきた。

その思いを温めること4、5年。始めてみて、まずはパソコン操作でつまずいた。次は哺乳瓶の撮影に難儀《なんぎ》。透明ガラスの哺乳瓶は、ただシャッターを押しただけではガラス特有の質感も出ないし、ガラスにエンボスされている線や絵柄が不明瞭《ふめいりょう》になりがちである。まして瓶が丸みを帯びているため、光の当たり具合でまったく絵や文字が読みとれない。新しくカメラを購入して透明ガラスの撮影方法を勉強し、照明器具なども購入して、いろいろ試してみた。

そういうわけで、写真はすべて素人撮影である。我ながらよく撮れたと思える写真は限られていることをお断りしておくとともに、拙書《せっしょ》を手にしてくださった皆様には何卒ご容赦願いたい。

執筆に際し、多くの文献や資料を参照したなかで、大きな道しるべとなったのが、ピジョン株式会社の資料館で編集された『哺乳瓶の歴史』と、日本女子大学家政学科教授でいらっしゃった加藤翠先生の『日本の哺乳瓶の歴史』である。殊《こと》に加藤先生のご著書には、考察を進める手法を学ばせていただき、さらなる文献収集にも大変役立ったことをここに感謝申し上げたい。

ともすれば遅れがちな作業だったが、どうにか刊行にこぎつけられたのは、叱咤激励《しったげきれい》いただいた幻冬舎ルネッサンス新社の竹内友恵さん、畠山紋寧さん他スタッフの方々のお陰だと深謝している。今は、1年近く掃除できず床に広がったガラスの海を前にして、どう手を付けようかと思案しているところだ。

2020年4月　鈴木昌和

鈴木昌和（すずき まさかず）

静岡県静岡市出身。

1966年　慶応大学経済学部卒業
　　　　大正海上火災保険株式会社（現）三井住友海上入社
1968年　大正海上火災保険株式会社（現）三井住友海上退社
1970年　昭和大学医学部入学
1976年　昭和大学医学部卒業、小児科学教室入局
1980年　小平市公立昭和病院入職
1985年　小平市公立昭和病院退職、鈴木小児科医院開院
2004年　小平市医師会会長に就任
2010年　小平市医師会会長を退任

誰《だれ》も知《し》らない哺乳瓶《ほにゅうびん》の世界《せかい》

2020年5月19日　第1刷発行

著　者　鈴木昌和
発行人　久保田貴幸

発行元　株式会社 幻冬舎メディアコンサルティング
　　　　〒151-0051　東京都渋谷区千駄ヶ谷4-9-7
　　　　電話 03-5411-6440（編集）

発売元　株式会社 幻冬舎
　　　　〒151-0051　東京都渋谷区千駄ヶ谷4-9-7
　　　　電話 03-5411-6222（営業）

印刷・製本　中央精版印刷株式会社
装　丁　佐藤健一（株式会社ペリカン）

検印廃止

Printed in Japan
ISBN978-4-344-92630-1　C0070
幻冬舎メディアコンサルティングＨＰ
http://www.gentosha-mc.com/